LE MIRAGE
FRANÇOIS LEGAULT
de Gilles Toupin
est le neuf cent soixante-dix-septième ouvrage
publié chez VLB éditeur.

VLB ÉDITEUR
Groupe Ville-Marie Littérature inc.
Une société de Québecor Média
1010, rue de La Gauchetière Est
Montréal (Québec) H2L 2N5
Tél.: 514 523-1182
Téléc.: 514 282-7530
Courriel: vml@groupevml.com

Vice-président à l'édition: Martin Balthazar

Éditeur: Stéphane Berthomet
Directeur littéraire: Alain-Nicolas Renaud
Design de la couverture: Lucie Delemer
Photo en couverture: Mathieu Bélanger / Reuters
Photo de l'auteur: Mathieu Rivard

Catalogage avant publication de Bibliothèque et Archives
nationales du Québec et Bibliothèque et Archives Canada

Toupin, Gilles, 1950-
Le mirage François Legault
ISBN 978-2-89649-425-5
1. Legault, François, 1957- . 2. Coalition Avenir Québec. 3. Québec (Province) -
Politique et gouvernement - 2003- . 4. Hommes politiques - Québec (Province) -
Biographies. I. Titre.
FC2926.1.L43T68 2012   971.4'05092   C2012-941652-5

DISTRIBUTEUR:
LES MESSAGERIES ADP*
2315, rue de la Province
Longueuil (Québec) J4G 1G4
Tél.: 450 640-1237
Téléc.: 450 674-6237
*filiale du Groupe Sogides inc;
filiale de Québecor Média inc.

Pour en savoir davantage sur nos publications,
visitez notre site: editionsvlb.com
Autres sites à visiter: editionshexagone.com • editionstypo.com

Dépôt légal: 3e trimestre 2012
Bibliothèque et Archives nationales du Québec, 2012
Bibliothèque et Archives Canada

FRANÇOIS LEGAULT

LE MIRAGE

VLB éditeur bénéficie du soutien de la Société de développement des entreprises culturelles du Québec (SODEC) pour son programme d'édition.

Gouvernement du Québec – Programme de crédit d'impôt pour l'édition de livres – Gestion SODEC.

Nous reconnaissons l'aide financière du gouvernement du Canada par l'entremise du Fonds du livre du Canada pour nos activités d'édition.

Nous remercions le Conseil des Arts du Canada de l'aide accordée à notre programme de publication.

GILLES TOUPIN

LE MIRAGE
FRANÇOIS LEGAULT

vlb éditeur
Une société de Québecor Média

Éloge et procès de l'art moderne, en collaboration avec Jean-Claude Dussault, Montréal, VLB éditeur, 1979.

Le déshonneur des libéraux, Montréal, VLB éditeur, 2006.

Gilles Duceppe. Entretiens avec Gilles Toupin, Montréal, Richard Vézina éditeur, 2010.

Avant-propos

J'achevai de prévenir mes gens,
tandis qu'en pleine course, le
solide navire que poussait le bon
vent s'approchait des Sirènes.
Homère

Cet ouvrage est un pamphlet. Il m'a été inspiré par l'effarement. L'effarement devant le virage à 180 degrés d'un ancien député et ministre péquiste sur la question nationale. L'effarement devant la pauvreté intellectuelle, le culte de la pensée technocratique, l'absence totale de lucidité et de réalisme des propositions du parti qu'il dirige aujourd'hui. L'effarement, enfin, devant la popularité dont a joui ce mouvement – du moins dans ses premiers moments d'existence.

La Coalition avenir Québec nous promet du changement! Le mot est lâché, encore une fois, et sert de paravent à un projet sociétal on ne peut plus régressif et sans précédent au Québec, à une démission devant la difficulté des défis que la nation québécoise doit surmonter pour atteindre sa maturité, en accédant à la responsabilité politique pleine et entière que seul un État véritablement autonome peut conférer à un peuple.

Pour réaliser cela, il n'y a nul raccourci possible, nul subterfuge qui puisse remplacer le véritable changement politique et social. Le projet de François Legault n'est pour moi que le rafistolage de quelques structures et programmes étatiques. Il tourne le dos à ce qui serait le premier véritable facteur de changement au Québec, soit l'accession à la souveraineté. La vraie lucidité passe par là. Nous voyons à l'œuvre le prétendu grand mécanicien de l'État québécois renonçant aux outils sans lesquels nulle réparation n'est possible. En fait, François Legault s'est tourné le dos à lui-même dans une mutation politique si invraisemblable qu'elle ne pouvait que pécher par manque de crédibilité.

Un tel changement ne peut mener qu'au désenchantement. Jadis François Legault était parmi les souverainistes dans le camp des impatients. Aujourd'hui, il fait le jeu de ce fédéralisme qui n'a plus besoin du Québec pour se définir et qui s'affirme aujourd'hui en freinant notre essor sur tous les plans. Faire l'impasse sur la souveraineté, c'est maintenir un statu quo qui sied bien, certes, à une minorité de nantis, mais qui laisse bien peu à ceux qui sont hors du club des chevaliers de l'industrie toujours plus enclins à se remplir les poches qu'à assurer le bien commun. Faire l'impasse sur la souveraineté, c'est jouer le jeu de ceux qui affichent la plus terrible des indifférences devant la lente disparition d'une nation, de sa langue, de sa conscience historique et de sa culture. François Legault a donc rallié le camp de ceux qui perçoivent la politique comme un métier de gestionnaires, comme un faire-valoir de la marchandisation tous azimuts. Son projet est désincarné; tributaire d'une vision essentiellement comptable du politique, il est bien loin de ce dont le Québec a besoin.

Enfin, je fus aussi abasourdi par la facilité avec laquelle le pouvoir médiatique au Québec – en particulier la médiasphère populiste – a trop souvent endossé le projet caquiste sans s'interroger sur ses rouages et ses intentions véritables, sans se formaliser, notamment, qu'il soit muet sur la question identitaire et sur la lutte du Québec contre le multiculturalisme, ce fossoyeur de notre existence en tant que peuple, cette antithèse du vivre-ensemble. Bien souvent, ces médias, en général de droite, se sont fait les complices de cette mascarade du changement en s'affichant avec impertinence comme les seules voix légitimes de l'opinion publique. Trop de citoyens ont mordu à l'hameçon, hélas! Dans les premiers temps, nous aurions pu voir dans le caquisme une certaine forme de bonasserie. Mais nous savons maintenant que le mirage n'est là que pour satisfaire une coterie, que ce projet confine à l'inconscience parce qu'il désincarne notre altérité identitaire. Le projet Legault est tout simplement une démission morale. En lisant les pages qui suivent, on verra en outre que celui qui le porte n'est pas un modèle de constance; il n'hésite pas à changer sa posture en fonction des humeurs, des modes et des sondages.

J'ai donc écrit cet ouvrage sous le coup d'une sainte colère, et parce que je suis convaincu que si le Québec veut sortir de la paralysie qui le mine depuis le référendum de 1995, il est impérieux qu'il ne succombe pas au chant des Sirènes caquistes.

CHAPITRE PREMIER

La mue

> MUE, n. f. – XIIᵉ; de *muer*: 1. [...]
> Fig. et littér. Transformation; *v.*
> changement, métamorphose.
> *Le Petit Robert*

François Legault est un homme têtu. Selon certains de ses anciens collaborateurs au Parti québécois, il a les défauts de ses qualités. On le dépeint comme quelqu'un de très exigeant, envers les autres comme envers lui-même, et on m'a souvent dit de lui qu'il avait des idées très claires et parvenait à « livrer la marchandise », mais qu'il était aussi la personne la plus entêtée qui soit.

Cet entêtement, doublé d'un orgueil impressionnant, peut entraîner François Legault sur des voies périlleuses. « Quand il s'est mis quelque chose dans la tête, affirme un ancien associé, il est à peu près impossible de lui faire changer d'idée. Pour l'influencer sur un quelconque enjeu, il faut le prendre en amont, avant que son idée ne soit arrêtée. Ce n'est pas quelqu'un qui réussit à s'ajuster aux faits nouveaux ou à contourner un obstacle; il ira à la collision, à l'affrontement. Certes, il a beaucoup de leadership. Mais cela ne fonctionne que quand il est seul aux commandes. Il aime tout décider, et s'il n'a pas les pleins pouvoirs, les choses coincent. »

La transformation d'un souverainiste fougueux et pressé de faire l'indépendance du Québec en un homme politique décidé à y renoncer au profit d'un soi-disant pragmatisme éclairé par le « gros bon sens » a quelque chose d'invraisemblable. Comment un homme que l'on dit si obstiné a-t-il pu revenir sur des convictions qui semblaient profondément ancrées en lui ? Il a argué pour s'en expliquer du prétendu manque d'appétence des Québécois à devenir les maîtres de leur destin. Son raisonnement est-il aussi simpliste ? N'y a-t-il pas, derrière la mise en veilleuse – ou plutôt le reniement – de la question nationale, des faits, des motivations ou des états d'âme qui auraient poussé François Legault à faire le jeu des fédéralistes et de ceux qui veulent que l'on s'occupe de ce qu'ils appellent non sans une certaine arrogance « les vraies affaires » ?

La mue de François Legault en un nouvel avatar de la politique québécoise a commencé voilà quelques années. Déjà, en 2008, des signes étonnants se sont manifestés. C'est alors, selon ceux qui le côtoyaient au Parti québécois, que le député de Rousseau a commencé à avoir des idées inhabituelles; nous y reviendrons. Mais parmi tous les événements concomitants qui ont mené l'homme que l'on connaît à la tête de la CAQ, il en est un qui illustre particulièrement bien ces transformations idéologiques: l'épisode du Fonds d'intervention économique régionale (FIER).

Ce fonds, créé par le gouvernement Charest sous la houlette du ministre des Finances Yves Séguin (2003-2005), a été conçu pour aider les entreprises à obtenir du capital de risque lorsqu'elles démarrent ou lorsqu'elles veulent se développer ou se redresser. Le FIER, selon la définition d'Investissement Québec, « vise également à soutenir la création de fonds sectoriels et à appuyer la réalisation de projets structurants, principalement en région ». Il s'agissait donc à l'origine de stimuler l'activité des entreprises dans des régions où le capital est rare. Le gouvernement libéral avait à l'époque créé trente FIER régionaux pour lesquels l'État avait consenti 200 millions de dollars. Les investisseurs voyaient à chaque dollar versé par eux dans un FIER s'ajouter deux dollars du gouvernement.

Or, ces fonds ont été l'objet de controverses importantes à l'Assemblée nationale en raison notamment des révélations faites au printemps 2009 à leur sujet par l'opposition péquiste, et particulièrement par François Legault, qui a piloté ce dossier au sein de l'aile parlementaire du PQ. Il y avait dans la gestion des fonds, selon Legault, toutes les apparences d'un conflit d'intérêts. L'ancien porte-parole du PQ en matière de finances publiques avait en effet découvert que certains dirigeants de FIER avaient investi de l'argent dans leurs propres entreprises.

Pour le Parti québécois, les sorties en Chambre de François Legault étaient du bonbon. Le journaliste du *Devoir* Robert Dutrisac qualifia même de « bombe » l'intervention du député de Rousseau à la période des questions du 29 avril 2009. Legault avait alors dénoncé le fait que les actionnaires des entreprises favorisées par les FIER étaient issus des hauts rangs libéraux.

> Des personnalités libérales comme l'ancien député démissionnaire Jean-Sébastien Lamoureux et l'ancienne ministre Frulla siègent au conseil d'administration de IQ FIER, la filiale d'Investissement Québec censée superviser l'activité des FIER, ces 44 sociétés de capital de risque créées par le gouvernement Charest pour soutenir le développement régional. Un ancien conseiller de Daniel Johnson, qui fut directeur des opérations du comité du NON en 1995, Pietro Perrino, que Jean Charest a nommé administrateur de la Société des alcools du Québec (SAQ), est au centre de cette affaire tout comme le contributeur au Parti libéral du Québec Valier Boivin. Le vice-président du PLQ, Gilbert Grimard, est aussi un dirigeant du FIER-Boréal-02[1].

1. Robert Dutrisac, « Des fonds régionaux détournés vers Montréal », *Le Devoir,* 30 avril 2009, p. A1.

François Legault réussit à mettre dans l'embarras le ministre du Développement économique Raymond Bachand. Il citait notamment le cas de l'entreprise Zoommed, de Brossard, qui avait reçu quelque 300 000 $ du FIER Boréal-02, en soulignant que Pietro Perrino et Valier Boivin détenaient respectivement 650 000 et 400 000 actions de Zoommed. Il ajoutait que la Ranaz Corporation, de Saint-Eustache, avait également reçu 630 000 $ du même FIER alors que Perrino et Boivin y détenaient respectivement 72 000 et 191 000 actions. Et il complétait son envolée en révélant que le FIER Boréal-02 avait encore consenti un million de dollars à Toptent, une autre compagnie dont les deux hommes étaient actionnaires, à hauteur de 706 000 actions chacun.

Et Dutrisac de citer le futur chef de la CAQ : « Le gouvernement libéral a mis en place un fonds régional au Saguenay–Lac-Saint-Jean avec de l'argent des contribuables, et ce qu'on voit [c'est que] non seulement l'argent n'a pas été investi au Saguenay, [mais] a été investi pour enrichir des petits amis du parti libéral. »

Le soudain silence de Legault

Malmené de la sorte pendant deux semaines, le ministre Bachand s'est vu contraint de demander au vérificateur général du Québec de faire enquête sur tous les projets qui avaient profité des FIER. Il a également donné à un comité d'experts le mandat de réviser les règles de gouvernance des fonds.

François Legault venait de réaliser un très bon coup pour le PQ. En soulevant ces sérieux problèmes d'éthique, le député de Rousseau marquait des points pour l'opposition. Même le très fédéraliste éditorialiste en chef du quotidien *La Presse*, André Pratte, qualifia d'« étonnants » et de « troublants » les faits révélés[2]. Les sorties de François Legault ont si bien marché que le premier ministre Charest a dû se résigner à ordonner à Investissement Québec de mener une enquête sur ces sociétés financées aux deux tiers par des fonds publics. Le vérificateur général a quant à lui produit son rapport, rendu public le 2 décembre 2009, qui confirmait les allégations de laxisme dans la gestion des FIER.

Or, presque du jour au lendemain, François Legault ne voulut plus poursuivre ses charges à fond de train contre le gouvernement dans cette affaire. Selon ses collaborateurs, il avait pourtant pris un grand plaisir jusque-là à faire ce travail, d'autant plus qu'il recevait les éloges de tous ses collègues pour la façon dont il menait ce dossier. Quelque chose s'était produit...

Le 30 avril 2009, alors qu'il se trouvait dans le Salon rouge de l'Assemblée nationale, François Legault reçut la visite impromptue d'un huissier qui

2. André Pratte, « Confusion totale », *La Presse*, 6 mai 2009.

lui tendit une mise en demeure de la firme d'avocats McCarthy Tétrault qui, au nom de ses clients Pietro Perrino et Valier Boivin – explicitement mis en cause, on l'a vu, dans le scandale des FIER –, lui faisait une demande formelle de rétractation.

La mise en demeure avançait que les propos du député de Rousseau tenus « le ou vers le 29 avril 2009 » avaient « délibérément été présentés dans une atmosphère de sensationnalisme hors du commun, et ce, dans l'objectif évident de créer de toutes pièces un "faux scandale" », en précisant : « Vous avez ainsi orchestré ni plus ni moins une opération de salissage à l'endroit de nos clients. » Les avocats de McCarthy Tétrault rappelaient que Legault avait affirmé que leurs clients étaient « "carrément en conflit d'intérêts" relativement à leur implication dans le FIER-Boréal, qu'ils auraient agi en "contravention avec les règles d'Investissement Québec" ». Ils ajoutaient enfin que François Legault avait laissé entendre que Perrino et Boivin « auraient utilisé de manière illicite des fonds publics aux profits d'entreprises dans lesquelles ils détiendraient des actions tout en soulignant que cela démontrait "clairement un problème de gouvernance" et "de toute évidence un problème d'éthique" ».

À la lecture du document, François Legault était visiblement ébranlé. Un collaborateur se rappelle : « Il était complètement paniqué et il avait peur pour son portefeuille ; pour sa fortune personnelle. Il était très difficile de le raisonner. Nous avions beau lui rappeler que ses propos avaient été tenus en chambre et qu'il jouissait de l'immunité parlementaire, il ne voulait rien entendre. Nous lui disions que d'autres députés collectionnent sans conséquences les mises en demeure du genre, que le stratagème de Perrino et Boivin n'avait pour seul but que de le faire taire, qu'il ne devait pas s'inquiéter... il n'y avait rien à faire pour le rassurer. »

C'est à partir de ce moment que François Legault recule. Peu à peu son discours change. « Il nous disait, rapporte encore un proche, que sa femme trouvait que ça ne faisait pas bien de lancer de la boue à ses adversaires à la télévision, que ça ternissait un peu son image, qu'il faudrait plutôt proposer des choses positives que d'être toujours en train de critiquer. » Dès lors, le député de Rousseau ne veut plus toucher au dossier des FIER.

Charles Sirois entre en scène

Mais il n'y a pas que la mise en demeure de McCarthy Tétrault qui perturbe François Legault et lui fait perdre ses marques. Alors que son virage à 180 degrés s'amorce, au moment où il renonce à un combat qui lui tenait manifestement à cœur, l'aile parlementaire du Parti québécois découvre que la personne qui a, au Québec, le plus d'intérêts dans les FIER est Charles Sirois, un homme d'affaires proche de Jean Charest qui l'a aidé à trouver

des candidats lors des élections législatives précédentes. Un homme, donc, identifié au Parti libéral du Québec ; celui-là même qui sera plus tard
le cofondateur de la Coalition pour l'avenir du
Québec.

Les recherchistes du PQ découvrent que
Charles Sirois, à la tête du holding Télésystème, est
un acteur central des FIER au Québec. Le PQ se
rend compte que Sirois tire parti des faiblesses du
programme de manière beaucoup plus habile que
les Perrino et Boivin. Les sommes en cause sont
aussi plus importantes. Pour l'Opposition officielle, c'est l'occasion rêvée de faire mal paraître
le gouvernement Charest et les libéraux. C'est presque trop beau pour être vrai.

Les péquistes décident donc de foncer et de
mettre en cause Charles Sirois dans le dossier des
FIER à l'Assemblée nationale. Les questions sont
rédigées. Il est pour ainsi dire minuit moins cinq,
et tout est prêt pour lancer la frappe.

Mais François Legault dit non ; il refuse de
faire le travail. Il s'abstient complètement. Pour
s'en justifier, il se lève au caucus et annonce aux
autres députés qu'il ne veut plus « salir des réputa-
tions » – lui qui jugeait encore quelques jours plus
tôt qu'il était pleinement justifié de dénoncer les
abus commis par ceux qui avaient utilisé les FIER
à mauvais escient. Mais ce jour-là, il fait valoir à ses
collègues de l'aile parlementaire du PQ que même
s'il convient que c'est le mandat de l'Opposition

officielle de jouer un rôle de chien de garde, de dénoncer la mauvaise utilisation des fonds publics et le patronage, cela ne fait que contribuer au cynisme ambiant qui entache toute la classe politique. C'était là tout un virage pour quelqu'un qui avait mis, au cours des semaines précédentes, tout son cœur à dénoncer les dérapages dans la gestion des FIER.

En fait, d'un point de vue logique, ce virage demeure inexplicable, d'autant qu'il n'y eut jamais de suite à la mise en demeure de McCarthy Tétrault. L'équipe du PQ avait bien préparé Legault en l'enjoignant de ne pas répéter hors de l'Assemblée nationale des paroles qui auraient pu l'incriminer.

Devant le silence assourdissant de Legault, ce qui devait arriver arriva. C'est le député adéquiste François Bonnardel qui prit le relais en ce début mai 2009 et mena la charge pour son parti contre Charles Sirois et les libéraux. Les élus du PQ étaient déçus, d'autant plus qu'ils estimaient que François Bonnardel était maladroit dans ses interventions en chambre et qu'il ne maîtrisait pas aussi bien le dossier que François Legault.

Cet épisode a été marquant au Parti québécois. Il a entraîné des débats importants au sein de l'aile parlementaire sur la nature du travail de l'Opposition officielle. Les élus du PQ se sont interrogés sur le style d'opposition qu'ils devaient pratiquer à l'Assemblée nationale. Étaient-ils d'abord là pour demander des comptes et pour donner une voix

aux citoyens qui s'opposaient aux politiques gouver-
nementales, ou devaient-ils plutôt se consacrer à proposer des alternatives constructives en renonçant
à exiger du gouvernement de donner des gages de
son intégrité ?

François Legault avait fait savoir à ses pairs
qu'il avait choisi son camp, qu'il n'était plus question pour lui de mener campagne contre les libéraux dans le dossier des FIER. Il abandonnait du
coup le travail fondamental et traditionnel d'une
véritable opposition. Cela créa un malaise dans la
députation péquiste. Pendant que l'affaire Sirois
faisait les délices de l'ADQ et de la presse à l'Assemblée nationale, les élus du Parti québécois s'interrogeaient. Pendant que François Legault invo-
quait cinquante-six mille raisons pour ne pas
poser les bonnes questions sur Charles Sirois, ses
collègues s'interrogeaient. Legault connaissait-il
déjà Sirois en ce printemps 2009 ? Étaient-ils amis ?
« Il ne nous a jamais dit comment il l'a connu. Un
beau jour, on a allumé la télévision et il était avec
Charles Sirois », se rappelle un proche collaborateur
de l'époque.

Le début de la fin

L'épisode des FIER ne fut pas le premier signe de
l'éclipse du François Legault péquiste. Environ un
an auparavant, l'édifice des convictions souverainistes du député de Rousseau, jusque-là perçues

comme profondes et sincères, avait commencé à se lézarder, au grand étonnement de ses pairs.

Le 20 août 2008, lors d'une réunion de l'aile parlementaire du Parti québécois à l'auberge Godefroy de Bécancour, François Legault tint un discours qui est rétrospectivement fort éclairant pour qui veut tenter de comprendre ses volte-face ultérieures. C'est lors de cette rencontre qu'il a exposé publiquement un raisonnement qu'il avait commencé à nourrir quelque temps auparavant.

François Legault s'est soudainement mis à parler du «cynisme» des Québécois face aux politiciens, de leur désabusement. Cette idée s'était peu à peu incrustée en lui pour devenir un véritable leitmotiv. Il affirmait à qui voulait l'entendre que la population du Québec était non seulement désabusée à l'égard du gouvernement Charest mais qu'elle l'était aussi à l'égard de l'ensemble de la classe politique, incluant le Parti québécois. À Bécancour, il étaya cette nouvelle conviction avec un argumentaire simpliste et fort peu convaincant. Il reconnaissait certes que les attaques contre les libéraux faisaient mal au parti au pouvoir, mais ajoutait du même souffle que la dénonciation des tares du gouvernement faisait en sorte que la population mettait tous les élus dans le même panier, peu importent leurs allégeances politiques. Il fallait changer de stratégie, croyait-il, et adoucir le discours face aux adversaires de façon à redonner aux électeurs une certaine confiance dans la classe politique.

Pour la très grande majorité des collègues de Legault au caucus, cet exposé n'avait aucun sens. Le premier ministre Charest avait promis à l'époque de baisser les impôts de 5 milliards, ce qu'il n'a jamais fait. Il avait aussi promis de tout arranger dans le dossier de la santé et il n'a rien réglé. Il avait fait campagne en 2008 en affirmant qu'il n'y aurait pas de déficit budgétaire sous son gouvernement, pas de hausses d'impôts, pas de pertes à la Caisse de dépôt et de placement du Québec. On connaît la suite. Legault déplorait ce bilan des libéraux ; il affirmait que Jean Charest avait menti à la population et qu'il était à l'origine du désabusement général face aux politiciens. Mais il affirmait quand même, encore une fois, que le fait de le dénoncer projetait une image généralisée de malhonnêteté des politiciens, peu importe qu'ils fussent péquistes ou libéraux. Il considérait que le Parti québécois serait le parti politique qui allait le plus souffrir de cette perception parce que le PQ était le parti qui proposait le plus gros changement à la population, soit celui de la souveraineté, de la création d'un pays.

C'est à ce moment précis que François Legault a commencé à dire que le PQ devait se démarquer des libéraux pour redonner à la population la confiance perdue envers les politiciens. Et comment se ferait ce virage ? En s'attaquant « aux vraies affaires ». Et pour s'y attaquer, il fallait tout simplement faire preuve de courage, une expression qui allait revenir souvent dans son discours.

Ces premiers aveux d'une prise de distance relative face à l'article 1 du programme du parti – faire du Québec un pays – allaient connaître au fil des mois des variations. François Legault jouerait notamment assez librement de son tic d'invoquer le courage politique, en en changeant selon les circonstances la portée et la signification.

Il avait déjà à l'époque ébauché les grandes lignes d'un programme économique global pour le Québec qui correspondait sur le fond à la plupart des grandes politiques du Parti québécois. Ce programme mettait de l'avant des mesures qui n'effaroucheraient pas la population : priorité à l'éducation avec des investissements massifs, réfection du système de santé, réduction du fardeau fiscal des entreprises, etc. (Ces grands thèmes sont ceux qu'il défendra encore lors de son retour en politique en 2011.) À l'époque, Legault prétendait financer ces projets par des hausses des tarifs d'électricité. Il voulait que le Québec augmente ses tarifs à la moyenne canadienne : une facture additionnelle de 2,5 milliards de dollars pour les Québécois.

Avec une certaine candeur, à vrai dire, François Legault essayait de convaincre ses collègues du caucus que, pour faire avaler aux Québécois la pilule de cette augmentation, il suffirait de leur dire qu'elle servirait à améliorer les systèmes de santé et d'éducation. Il était persuadé que si l'on faisait une « démonstration de courage » en annonçant clairement que le PQ augmenterait les tarifs d'électricité, l'électorat serait ébloui par cette franchise et endosserait la proposition.

Évidemment, pour l'ensemble des membres du caucus, il s'agissait là d'un scénario suicidaire qui mènerait tout droit à la catastrophe politique. Dans l'entourage immédiat de Legault, des conseillers et des collaborateurs tentèrent vainement de lui faire comprendre que la population n'accepterait pas son plan. Les contribuables estimeraient, avec raison, qu'avant de puiser dans leurs poches le gouvernement devrait d'abord être beaucoup plus rigoureux dans sa manière de dépenser les deniers publics.

Une approche suicidaire

Un débat s'est engagé entre François Legault et le parti. Ses conseillers ont tenté de le convaincre qu'il était possible de répondre aux problèmes économiques du Québec sans pour autant négliger les domaines de l'éducation et de la santé – que l'on pouvait, par exemple, stimuler l'augmentation des investissements privés en éducation et exiger des entreprises une plus grande contribution fiscale de façon à corriger les lacunes du système de santé. Mais dire, alors que le PQ était toujours dans l'opposition, que le financement de ces politiques se ferait par une augmentation de la TVQ ou des tarifs d'électricité, c'était l'équivalent d'un hara-kiri politique.

La résistance de son entourage au virage qu'il proposait exaspérait François Legault. Il reprochait à ses pairs de manquer de courage, de vouloir faire de la petite politique, de faire à la population des promesses sans définir les moyens de les financer. Il les accusait de manquer de sérieux, de mettre de l'avant la colonne des dépenses en camouflant celle des revenus.

La tension était palpable au sein du caucus péquiste. Plus Legault se débattait pour convaincre du bien-fondé de ses propositions, plus il s'enfonçait dans son raisonnement en s'accrochant à sa lubie de prétendre faire devant l'électorat une « démonstration de courage ». Il insistait. Augmenter les tarifs d'électricité des contribuables, disait-il en substance, leur ferait réaliser qu'on ne leur mentait pas. C'était le moyen imparable de regagner la confiance des Québécois.

C'était faire preuve de bien peu de perspicacité politique que de défendre de telles supputations dans le climat économique de 2008. La population, éprouvée, était alors on ne peut plus rétive à toute augmentation de tarifs des services publics.

Les collaborateurs de Legault ne savaient plus où donner de la tête pour tenter de réaliser la quadrature du cercle. Comment convaincre l'homme d'aller de l'avant avec le plan économique du parti sans demander au gouvernement de hausser les tarifs d'électricité ? Était-il même légitime de demander d'augmenter ces tarifs ? Si l'opposition abdiquait sa mission de parler pour le contribuable, qui ne voulait rien savoir de ces hausses, qui le ferait ?

Au PQ, les élus et les collaborateurs politiques avaient de plus en plus de mal à suivre François Legault. Mais, on l'a dit, l'homme est têtu. Il s'impatientait et commença à hausser le ton jusqu'à cette fameuse réunion de Bécancour où il dit publiquement, pour la première fois, que le PQ devrait envisager de mettre de côté la souveraineté pour s'occuper des « vraies affaires », toujours dans cette optique de regagner la confiance des gens. Évidemment, l'idée ne passait pas, pas plus que le fameux plan économique de pallier le manque de ressources en éducation en haussant les tarifs d'électricité.

Isolé, frustré, François Legault annonce en juin 2009 qu'il quitte la vie politique. Outre son incapacité à convaincre le parti de le suivre dans son changement de cap, l'ancien homme d'affaires ne se voit pas sur les bancs de l'opposition pour toute la durée d'un mandat. Il confie également à des collaborateurs qu'il a perdu de l'argent dans la crise économique de 2008 et qu'il aimerait bien se refaire dans le privé.

Moins de deux ans après ce départ fracassant, François Legault refait parler de lui « par la porte de côté », comme dit un ancien collaborateur. On le voit consulter, mettre sur pied des groupes de réflexion. Il déjeune avec l'un, il dîne avec l'autre.

Les journaux suivent ses démarches. Au PQ, ses anciens collègues se disent qu'il essaie d'avoir gain de cause, de plaider son discours d'austérité responsable fondé sur l'investissement massif dans quelques domaines choisis, dont l'éducation, et financé par l'augmentation des tarifs d'électricité. C'était à la limite un plan simpliste, mais il y croyait – même s'il ne s'attardait guère aux détails. Cela restait très grossier, mais ce n'était pas pure fabulation, puisque Legault avait demandé à son équipe d'essayer de chiffrer le tout avant son départ.

Les assistants de François Legault avaient bel et bien tenté, avant qu'il ne démissionne, de le convaincre de nuancer son plan. Ils avaient essayé de lui démontrer qu'il y avait de substantielles économies à faire du côté de la gestion d'Hydro-Québec, que l'on pouvait rendre la société d'État plus performante en diminuant, par exemple, le nombre d'employés par mégawatts produits. D'autres sociétés semblables parvenaient à obtenir ainsi des rendements avantageux. Pourquoi pas Hydro-Québec? Il fallait dire au gouvernement libéral qu'il gérait très mal les dépenses, montrer que le PQ savait comment redresser la barre et qu'avec la marge de manœuvre dégagée, le Québec pourrait financer ses priorités.

Une saisissante volte-face

François Legault ne voulait rien entendre de cette stratégie. En santé, par exemple, ses conseillers le pressaient de dire que le Québec était le seul endroit au monde où l'organisation des soins de santé s'embarrassait de trois paliers : national, régional et local. Ils tentèrent de convaincre Legault qu'il y avait moyen de revoir ce mode de gestion, soit en allégeant le palier médian, soit en réduisant le service administratif à Québec de façon à réaliser d'importantes économies. Mais l'ancien homme d'affaires ne voulait rien savoir de cette façon de faire, estimant là encore qu'elle manifestait un manque de courage.

Or, à son retour en politique début 2011, il a fait sursauter ses anciens conseillers en préconisant les mêmes pistes de solution qu'il avait rejetées lorsqu'il était député du PQ. La volte-face était saisissante : plus question de « faire preuve de courage », plus question d'augmenter les taxes, plus question de hausser les tarifs d'électricité pour financer ses projets. C'est Pauline Marois, la chef du PQ, qui rappela l'insistance avec laquelle François Legault la pressait d'augmenter les tarifs d'électricité au moment de quitter le parti en juin 2009 : « C'est comme ça, révéla-t-elle, qu'il allait pouvoir constituer un fonds pour investir en éducation et en santé. Mais le courage qu'il me demandait d'avoir alors que j'étais sceptique, il ne l'a pas maintenant. » Celui qui avait dit tenir absolument à « dire la vérité aux Québécois » défendait désormais le contraire de ce qu'il avait mis de l'avant durant ses derniers mois au PQ. Il avait en quelque sorte assimilé les suggestions de ses anciens conseillers pour les faire siennes, oubliant qu'il avait claqué la porte parce que le PQ ne voulait pas le suivre dans une voie qu'il rejettait désormais. Allez comprendre...

Considérons cette idée de l'augmentation des tarifs d'électricité au niveau de la moyenne canadienne souhaitée par Legault alors qu'il siégeait dans l'opposition, soit une facture de 2,5 milliards pour les contribuables québécois. Legault, nous l'avons dit, aurait bien aimé engager le Québec dans cette direction, ce qu'il avait exprimé à maintes reprises à ses collègues du PQ. Mais un peu avant le lancement du manifeste de la Coalition pour l'avenir du Québec, en février 2011, un sondage Léger Marketing, élaboré à partir des idées contenues dans une première version du futur manifeste de la CAQ, avait été commandé par l'agence de presse QMI pour connaître les réactions du public à l'égard de la CAQ. L'une des questions portait sur les augmentations des tarifs proposées par Legault. Le lecteur ne s'étonnera pas d'apprendre que cette idée fut rejetée par 58 % des personnes sondées. Or, étrangement, cette question a disparu des résultats du sondage à leur publication, le 21 février 2011, dans le *Journal de*

Montréal. Les hausses de tarifs ne figuraient plus également dans la version finale du manifeste de la CAQ. La réaction des gens avait été si négative que François Legault avait préféré plier l'échine et reléguer son idée maîtresse – celle qui allait permettre de financer son plan d'action pour le Québec – aux oubliettes. Voilà pour le courage politique.

Pour combler le vide laissé par cet abandon, le chef de la CAQ s'est mis à dire qu'il allait couper 4 000 emplois à Hydro-Québec, une stratégie qu'il avait rejetée quand il était au PQ. Il avait affirmé à l'époque que de telles coupes allaient tout au plus permettre de récupérer, selon sa propre expression, « une couple de piastres » et que ce n'était pas avec de telles mesures que l'on se donnerait les moyens d'agir.

On se rend vite à l'évidence que François Legault souffle le chaud et le froid selon les auditoires. À l'émission de Jean-Luc Mongrain, il maintiendra en mars 2011 qu'il est en faveur de l'augmentation des tarifs d'électricité alors qu'il avait dit le contraire à Paul Arcand quelques jours plus tôt[3]. « Voulez-vous augmenter les tarifs d'hydroélectricité chez Hydro-Québec ? », lui demande l'animateur ; « Non ! On ne pense pas que c'est nécessaire. On pense que c'est possible avec les économies

---

3. *Paul Arcand*, 98,5 FM, 22 février 2011 ; *Mongrain*, TVA, 9 mars 2011.

que l'on peut faire chez Hydro-Québec de payer pour l'augmentation des enseignants et le financement des universités. »

Pourtant, dans une autre entrevue quelques mois plus tard, il affirme qu'il faut soutenir les mesures avancées par le ministre des Finances, Raymond Bachand, pour atteindre le déficit zéro : « Monsieur Bachand a proposé exactement ce que je lui proposais : hausser les tarifs d'Hydro-Québec sur un certain nombre d'années, afin de rembourser la dette[4]. »

Legault est pris à son propre jeu. Il sait bien que quelques ponctions de personnel ne suffiront pas à financer ses projets en éducation et en santé. Il sait fort bien aussi que l'augmentation des tarifs d'électricité n'a pas la cote auprès de l'électorat. Bref, s'il poursuit dans son idée de parler des « vraies affaires », il est cuit.

Son discours économique se trouve ainsi dans la même impasse que son discours sur la question nationale. En mettant en veilleuse son engagement pour la souveraineté du Québec, François Legault croyait pouvoir faire sortir le pays de l'immobilisme. Il avait aussi bon espoir d'aller chercher des votes libéraux, des votes anglophones ou encore des votes nationalistes « mous ». Il croyait avoir résolu la quadrature du cercle, avoir trouvé l'offre politique qui allait ratisser large, et il s'est

---

4. *24 h en 60 minutes*, Radio-Canada, 14 novembre 2011.

enfoncé dans cette logique. Il a tenté de monter une équipe à cette image, et a affirmé à maintes reprises qu'il serait en mesure d'établir un meilleur rapport de force que Jean Charest avec le gouvernement fédéral.

Alors qu'il était encore au PQ, François Legault expliquait à son entourage que sa position sur la question constitutionnelle était stratégique, qu'il s'agissait tout d'abord de régler les vrais problèmes, de redonner confiance aux gens, pour revenir à la charge par la suite avec le projet d'indépendance du Québec. Il estimait qu'en agissant de la sorte, les souverainistes auraient de meilleures chances de convaincre la population du bien-fondé de leur projet. Mais plus le temps passait, plus cette position idéologique perdit de son vernis stratégique pour devenir une fin en soi.

Les souverainistes qui appuient encore la CAQ se leurrent s'ils pensent que François Legault reviendra un jour à la lutte pour l'indépendance du Québec. Dans sa conférence de presse du 21 février 2011, il a été on ne peut plus clair : « Pour moi, un souverainiste, c'est quelqu'un qui travaille à faire avancer la souveraineté. Or, aujourd'hui, je ne réponds plus à cette description. »

Tout cela m'oblige à conclure que François Legault a les convictions légères, changeantes au gré des vents.

CHAPITRE II

La charrue avant les bœufs

Je préfère me débarrasser des faux enchantements pour pouvoir m'émerveiller des vrais miracles.
PIERRE BOURDIEU

La position politique de François Legault n'est pas celle d'un meneur ni d'un battant ; il s'est installé dans le déni des véritables solutions nécessaires au progrès du Québec. Pour en arriver là, il lui a fallu se renier lui-même, renier ce à quoi il avait affirmé croire du plus profond de son être.

Selon lui, il faudrait donc abandonner pour longtemps l'idée de faire du Québec un pays indépendant et responsable, pour s'attaquer aux « vrais problèmes », aux « vraies affaires ». Son parti, la Coalition avenir Québec, refuse de prendre position sur la question nationale, estimant de facto que les convictions fédéralistes ou souverainistes de ses membres sont accessoires. Il faut, dit-il, avant de se pencher sur le sort de la nation, s'enrichir pendant une bonne dizaine d'années.

Est-ce à dire que pendant des années François Legault a menti au peuple québécois et s'est menti à lui-même quand il a soutenu sans fléchir que l'indépendance du Québec était la condition sine qua non à l'avancement véritable, à l'enrichissement et à l'épanouissement du Québec? L'indépendance ne faisait-elle pas alors partie des « vrais affaires », même s'il persiste aujourd'hui à dire le contraire? N'est-ce pas lui pourtant qui déclarait au quotidien *Le Soleil*, le 4 octobre 2007, que la fatigue face au travail d'accession à la souveraineté n'était pas une raison valable d'abandonner?

« Certains, disait-il alors qu'il était le critique du caucus péquiste en matière de finances, peuvent être "fatigués" de travailler à faire la souveraineté, mais ce n'est pas une raison pour tout arrêter. » Et de poursuivre: « Il y a toujours des gens qui, lorsqu'ils voient des tendances, les suivent et pilent un peu sur ce qui les a passionnés toute leur vie. Je trouve ça un peu dommage. » Nous aussi, monsieur Legault.

La grande faille du système Legault, son absence de crédibilité, réside dans cette contradiction entre une volonté longtemps affirmée de faire l'indépendance du Québec et sa décision de mettre celle-ci entre parenthèses; un principe qui n'est d'ailleurs pas avalisé par la frange fédéraliste de la CAQ, qui voudrait que l'on enterre à tout jamais cette idée, ni par le courant représenté par l'ancien péquiste François Rebello, qui voudrait, lui, que la CAQ serve de rampe de lancement au processus qui mènera à l'indépendance. Le conflit dialectique est rude.

Soudainement, François Legault – qui s'était vu un temps à la tête du Parti québécois – affirme que le Québec peut progresser et s'enrichir malgré les facteurs structurels qui l'en empêchent, malgré le carcan du fédéralisme canadien, malgré tout ce qui avait nourri des années sa conviction profonde du contraire. Bel exemple de pensée magique.

La voie choisie aujourd'hui par François Legault doit être dénoncée et combattue parce qu'elle témoigne d'un aveuglement politique et d'un opportunisme qui ne peuvent servir le Québec. C'est ma profonde conviction.

Legault affirme dorénavant qu'il faut régler nos problèmes avant de faire l'indépendance. Voilà une impossibilité bien souvent démontrée, et affirmée par le principal intéressé. Voilà une approche qui refuse de voir que les difficultés du Québec ne peuvent se régler au sein d'une structure politique qui le paralyse et qui l'aliène. Ce que le chef de la CAQ ne semble plus comprendre, ou ne veut plus voir, c'est que le Québec ne pourra régler ses problèmes au sein d'une fédération qui en est largement la source, qui travaille contre ses intérêts, et qui le prive des outils et des moyens dont il a besoin pour progresser. En ce sens, la

pensée caquiste conduit véritablement à un « cul-
de-sac », comme l'a si bien expliqué le successeur
de François Legault comme député de Rousseau,
Nicolas Marceau, dans un article percutant paru
dans *Le Devoir* en décembre 2011[1].

L'impasse caquiste

La démonstration de Nicolas Marceau sur la vraie
nature de l'aventure dans laquelle François Legault
prétend nous entraîner mérite qu'on s'y arrête. Le
nouveau porte-parole de l'Opposition officielle
en matière de finances et de développement économique souligne à juste titre que l'objectif de la
CAQ de faire du Québec un pays riche avant de
songer à son indépendance est « absurde ». Il rappelle que le Québec se situait au 28e rang sur
235 pays en 2009 en ce qui a trait au PIB par habi-
tant. Le Québec indépendant serait donc parmi
les 12 % les plus riches de la planète. Mais il faudrait, à en croire Legault, que les Québécois devien-
nent encore plus riches pour songer à être maîtres
chez eux. « [Si] l'on accepte cette logique, argu-
mente Nicolas Marceau, les 207 pays qui nous
suivent au classement seraient des imposteurs, qui
devraient renoncer à leur souveraineté, le temps
de s'enrichir. » Si les pays qui ont accédé à l'indépendance au cours du siècle dernier et plus récem-

1. Nicolas Marceau, « Gare au cul-de-sac caquiste ! », *Le Devoir*,
28 décembre 2011, p. A8.

ment avaient attendu de régler tous leurs problèmes avant de s'affirmer, bien des nations seraient encore sous le joug colonial ou autrement dépendantes d'une entité étrangère. Marceau a raison d'insister sur cet aspect incongru de la démonstration de Legault.

Ce que le chef caquiste refuse de reconnaître c'est que, encore une fois, sans les pouvoirs que nous procurera l'indépendance, nous ne pouvons nous attaquer à ces fameux problèmes qu'il prétend régler d'un coup de baguette magique. Tenter de contourner ou d'ignorer les entraves constitutionnelles structurantes du Québec d'aujourd'hui, c'est encore une fois se leurrer sur la manière de le faire avancer. « Je crois, quant à moi, écrit encore Nicolas Marceau, que la question de notre souveraineté est plus actuelle et pertinente que jamais. Elle nous permettrait de mettre la main sur les moyens qui nous manquent cruellement pour nous enrichir encore plus et pour régler nos problèmes. »

À l'heure où le poids démographique et politique du Québec diminue au sein de la fédération, il est clair que le bien-être des Québécois est tributaire du bon vouloir de la majorité canadienne à la Chambre des communes, dont les représentants n'ont de cesse (on ne peut pas le leur reprocher) de défendre leurs intérêts propres, qui divergent souvent des nôtres. Nicolas Marceau a raison de dire que si le Québec veillait seul sur sa destinée il pourrait « mettre la main sur les moyens qui nous manquent cruellement ».

Quels sont ces moyens ? Marceau en énumère quelques-uns : des pouvoirs fondamentaux en matière de culture et de télécommunication, de justice criminelle, de propriété intellectuelle, de lutte contre les monopoles, et d'assurance-emploi, « tous actuellement entre les mains du Parlement fédéral dans lequel nous sommes une minorité ».

Mais ce n'est pas tout. Le fait d'avoir les pleins pouvoirs en matières de finances publiques permettrait aux Québécois de défendre pleinement leurs intérêts, de pallier ce gaspillage de milliards de dollars que nous valent les chevauchements bureaucratiques de deux gouvernements, dont l'un – le gouvernement fédéral – est d'une inutilité croissante en regard des besoins et de l'identité du Québec. La démonstration n'est plus à faire des avantages économiques – pour ne mentionner que ceux-là – d'un Québec souverain. Dans un ouvrage minutieux sur les dépenses publiques, Stéphane Gobeil a documenté et démontré, de façon lumineuse, les aberrations économiques résultant du maintien du Québec dans la fédération canadienne[2].

François Legault lui-même se laisse parfois rattraper par ces idées qui ont été siennes autrefois, démontrant par ses tergiversations qu'il croit encore

_____

2. Stéphane Gobeil, *Un gouvernement de trop*, Montréal, VLB éditeur, 2012.

que le système fédéral dans lequel le Québec est engoncé nuit à son épanouissement, même s'il ne veut pas le dire trop fort de crainte d'indisposer la frange fédéraliste de la CAQ. Ses contradictions sont inéluctables. Comme le disait si bien le commentateur et journaliste Michel David, « la réalité du fédéralisme n'a pas mis de temps à le rattraper[3] ». Ne réclame-t-il pas en effet le rapatriement du champ de compétence fiscal du gouvernement fédéral dans le domaine de la santé, par l'entremise de points d'impôt, pour compenser le plafonnement de la contribution fédérale au financement des services de santé à compter de 2017 ? Il l'a d'ailleurs déclaré clairement : « Nous, on pense qu'un gouvernement du Québec responsable devrait aller offrir à M. Harper de récupérer le champ fiscal, dire : "Si vous ne voulez pas assumer le paiement des dépenses de santé – votre part du paiement des dépenses de santé –, libérez ce champ fiscal, remettez-le au Québec. Comme ça, on va pouvoir assumer nos responsabilités"[4]. »

D'autres moyens méritent d'être mis à la disposition du Québec pour le sortir du cul-de-sac fédéral. Avec la souveraineté, faisait encore valoir

---

3. Michel David, « La privatisation tranquille », *Le Devoir*, 20 mars 2012, p. A3.
4. Jean-Marc Salvet, *Le Soleil* (*lapresse.ca*), « François Legault réclame le rapatriement du champ fiscal en santé », 16 mars 2012.

Nicolas Marceau, ce serait la fin du partage de pouvoirs avec Ottawa en matière d'agriculture, d'environnement et d'immigration. Ce serait la fin également des intrusions intempestives du gouvernement fédéral dans l'éducation et de ses décisions unilatérales lorsqu'il s'agit de négocier en notre nom – et même à l'Unesco! – des traités ou des accords commerciaux avec nos partenaires internationaux. Encore là, dans ces tractations, les intérêts du Canada passent avant ceux du Québec. N'en déplaise à François Legault, son nouveau credo de mise en veilleuse du combat pour l'indépendance revient en somme à signifier un refus du Québec d'écrire sa propre histoire et de l'assumer.

Fermer les yeux sur la réalité

La CAQ de François Legault a décidé de renoncer à tous ces outils. Peu importe l'absence totale d'intérêt du Canada à satisfaire les revendications légitimes du Québec : il faut accepter de le maintenir dans le statut d'une province comme les autres. La formation arc-en-ciel prétend doter le Québec d'une politique industrielle digne de ce nom et « axée sur ses priorités » ? Bonne chance. Comme le dit si bien encore Nicolas Marceau, le Québec continuera « de subir la politique canadienne avantageant largement le secteur de l'automobile ontarien et celui des hydrocarbures de l'Ouest ».

La CAQ, sans la souveraineté, ne pourra dynamiser comme il se doit les secteurs économiques stratégiques du Québec, qu'il s'agisse de l'industrie forestière ou des ressources naturelles. Dans le contexte de la diminution constante du poids politique du Québec dans la fédération, le mouvement du balancier politique est inexorable. Le siècle qui s'amorce appartient à l'Ouest, ne nous y trompons pas. Pour se dégager de ces contraintes, la seule issue pour le Québec est de prendre en main son destin politique et économique.

Or, François Legault, pour gagner les faveurs d'un électorat prétendument désabusé, veut faire l'impasse sur cette réalité. Son point de vue est une aberration sur le plan de l'analyse politique. À cet égard, d'ailleurs, il loge à la même enseigne que le PLQ et Jean Charest.

Nicolas Marceau a bien raison de dire que « prétendre, comme les caquistes le font, que le statut du Québec n'a pas d'impact sur notre capacité à intervenir dans notre économie, cela n'est tout simplement pas sérieux ». Aucune nation ne peut espérer surmonter ses difficultés sans posséder tous les leviers décisionnels qui lui permettront de le faire. Les rafistolages faits dans un atelier mal équipé ne sauraient aboutir à une politique nationale de progrès et d'enrichissement collectifs.

Avant qu'il ne tombe dans l'opportunisme politique, François Legault était pourtant convaincu de l'incontournable nécessité d'être maître chez nous.

« À partir du moment où on fait la démonstration que le Québec, comme province, est ingouvernable, il faut être cohérent. Il ne faut pas s'engager à gouverner l'ingouvernable », disait-il à l'époque où il militait au PQ. « Je comprends, ajoutait-il, qu'il y a bien des Québécois dont le rêve serait de réformer le fédéralisme, mais il n'y a pas d'ouverture de ce côté-là. Le choix, il est entre le statu quo ingouvernable et une souveraineté payante[5]. »

On se demande en quoi le statu quo serait aujourd'hui devenu soudainement gouvernable ? L'apparition de la CAQ aurait-elle par magie transformé les données économiques et les rapports de force politiques ? On cherche la logique, le réalisme, la cohérence dans la pensée de Legault. Le fameux désabusement de l'électorat dont il parle tant aurait-il fait en sorte que l'ingouvernable soit devenu gouvernable ? L'homme a renié ses convictions et souhaite que tous le suivent dans sa fuite en avant. Pourtant, Legault a été l'un des premiers à condamner avec virulence les virecapots politiques. N'a-t-il pas attaqué en 2007, dans les termes les plus durs, les conversions adéquistes de Jean Garon et d'André Caillé ? Ne les a-t-il pas accusés de faire preuve d'opportunisme ? Ces accusations vaudraient donc seulement pour les autres.

---

5. Robert Dutrisac, « Legault appuie Landry », *Le Devoir*, 28 mai 2005, p. A1.

Rappelons-nous ce qu'il disait de ces gens qui suivent la tendance et « pilent » sur ce qui les a attirés et passionnés toute leur vie. Selon le François Legault d'alors, « même si certains militants fatigués ont perdu espoir, le problème du Québec ne sera pas réglé tant qu'il n'aura pas accédé à la souveraineté ». « Il faut être cohérent », ajoutait-il[6].

Et que disait-il en 2004 ? Il disait que « même si le Parti québécois avait été élu le 14 avril 2003, il n'aurait pas fait mieux. [...] [On] serait sûrement aussi bas que les libéraux dans les sondages, parce que, avec l'état de ses finances, le Québec est devenu ingouvernable [...]. C'est sûr qu'on n'aurait pas fait les choses de la même façon, avec les syndicats entre autres, mais le résultat serait le même[7] ».

Le mythe de la réingénierie

Legault se targuait donc de faire preuve de cohérence en affirmant que si le PQ avait été au pouvoir à l'époque, le Québec aurait pataugé dans « le même pétrin pour financer la santé, les services sociaux ». « C'est un problème structurel, clamait-il. L'argent est à Ottawa[8]. » Mais aujourd'hui, les choses

---

6. Rémi Nadeau, « Louise Harel s'excuse d'avoir traité André Caillé et Jean Garon de « has been » », Presse Canadienne, 4 octobre 2007.
7. Mylène Moisan, « "Le Québec est devenu ingouvernable", selon Legault », *Le Soleil,* 17 août 2004, p. A11.
8. *Ibid.*

auraient changé? Le problème «structurel» se serait évanoui juste à temps pour l'apparition providentielle de la CAQ dans le paysage politique?

François Legault a été longtemps le premier à défendre la pertinence actuelle du projet de souveraineté du Québec. Lisez ce qu'il écrivait dans une lettre ouverte publiée en 2003: «La souveraineté peut être conçue comme une fin. Le Québec possède une histoire, une langue, une culture, des institutions, une pratique de la solidarité qui le distinguent des autres nations du monde. Il est tout à fait légitime de militer pour que cette nation d'Amérique puisse un jour maîtriser tous les leviers de son développement. Ce combat pour le pays n'a rien de passéiste. Ce sont les nations qui font le monde d'aujourd'hui, non les provinces[9]. »

Et sur les bénéfices de la souveraineté: «Il faut faire la maquette de la maison que nous voulons construire. Les Québécois doivent savoir ce que la souveraineté changera pour la santé, pour l'éducation ou pour contrer la pauvreté. Pour dépasser le 50% d'appuis, il faut rejoindre tout le monde ordinaire et leur expliquer les réponses de la souveraineté[10]. »

---

9. François Legault, «Cap sur la souveraineté», *Le Nouvelliste,* 8 mai 2003, p. 6.
10. Norman Delisle, «Le PQ raffinera sa stratégie référendaire», Presse Canadienne, *Progrès Dimanche,* 29 août 2004, p. A22.

Et encore en 2006: « Il faut comprendre que nous sommes perdants, actuellement, dans le fédéralisme canadien. Il est plus urgent que jamais de récupérer nos gains. Nos deux grands défis à relever sont la santé, avec le vieillissement de la population, et la concurrence internationale dans le domaine de l'économie[11]. »

Pour Legault, qui se fait aujourd'hui le héraut du changement, il fut un temps où celui-ci portait un autre nom, celui de souveraineté: « La préparation d'un budget rigoureux permettra de débattre des choix à faire avec 100 % de nos revenus. Loin de moi l'idée que la souveraineté est une panacée, un remède à tout. Nous aurons encore comme société des choix difficiles à faire. Cependant, nous maximiserons l'utilisation de tous nos revenus. C'est la seule façon de faire de véritables changements et de discuter sérieusement du projet de société que nous voulons. C'est aussi la seule façon de dégager des marges de manœuvre de milliards de dollars[12]. »

Aujourd'hui, atteint d'une étrange amnésie, François Legault propose assez vaguement une sorte de réingénierie de l'État québécois sans toucher au vice fondamental qui le paralyse. Il tente de faire croire à la population que ses propositions

---

11. Jonathan Custeau, « Il faut comprendre que nous sommes perdants », *La Tribune,* 13 février 2006, p. 15.
12. François Legault, « Services publics en péril », *Le Devoir,* 30 septembre 2003, p. A7.

de réformes dans les domaines de l'éducation et de la santé permettront de faire des « gains d'efficacité » qui sortiront le Québec de la stagnation économique. Or, Legault lui-même ne croit pas à cette recette! Dès 2003, il s'insurgeait énergiquement contre le projet de « réingénierie » de l'État de Jean Charest, projet qui n'a jamais vu le jour et qui aurait permis, selon le PLQ, de régler tous les problèmes financiers du Québec en réalisant des économies de trois milliards de dollars. Legault rejetait alors les soi-disant « gains d'efficacité » qu'il tente de défendre aujourd'hui : « Soyons clairs, affirmait-il encore dans *Le Devoir*, les "gains d'efficacité" ne nous permettront jamais de réaliser des économies de trois milliards. À titre d'exemple, on a souvent entendu Jean Charest expliquer que le vrai problème de notre système de santé découlait de la lourdeur bureaucratique du ministère et des régies régionales. Je rappelle que les dépenses de fonctionnement du ministère et des régies régionales représentent moins de 1 % du budget total de la santé, soit moins de 200 millions. On est loin des trois milliards[13]! »

Et plus loin dans la même lettre : « Il faut rapidement détruire le mythe qui se répand actuellement au Québec : celui de croire que la « réingénierie » de l'État québécois pourra régler tous les problèmes de financement de nos réseaux publics. Il

---

13. *Ibid.*

n'y a rien de plus faux. L'État québécois a clairement besoin de plus de ressources pour assumer
ses missions de base. »

Et Legault estimait que la seule porte de sortie,
la seule voie à suivre, était l'élaboration du budget
d'un Québec souverain.

Une chose et son contraire

Aujourd'hui, le chef de la CAQ tente de faire croire
aux Québécois que les problèmes actuels du Québec n'ont rien à voir avec notre appartenance au
Canada. Pourtant, en 2003, il disait absolument le
contraire : « L'autre grand mythe qui circule actuellement au Québec, c'est de croire que la souveraineté du Québec est un enjeu qui n'a rien à voir
avec les problèmes du quotidien. Le comble a été
atteint le soir du débat des chefs lorsque Jean Charest a demandé à Bernard Landry de choisir entre
la souveraineté et la santé ! Pourtant, faut-il rappeler que les Québécoises et les Québécois envoient
plus de 50 % de leurs impôts à Ottawa ? Et faut-il
rappeler que tous les partis représentés à l'Assemblée nationale ont reconnu qu'il y avait un déséquilibre fiscal Québec-Ottawa, c'est-à-dire qu'il y
avait trop de revenus fiscaux à Ottawa et pas assez
à Québec pour financer les services de base à la
population[14] ? »

---

14. *Ibid.*

C'est dans ce contexte que François Legault estimait que la souveraineté du Québec était plus pertinente que jamais. « Ce n'est pas le temps, clamait-il, de faire des compromis sur notre projet de souveraineté; ce n'est pas le temps de méditer à d'hypothétiques référendums sectoriels. Le temps est venu de faire la démonstration des avantages concrets et de l'urgence de faire l'indépendance du Québec[15]. »

Certains argueront que le contexte n'est plus le même en 2012 et que la question du déficit fiscal a été réglée. En fait, elle n'est pas réglée du tout. Dire le contraire, c'est tomber dans le panneau de la propagande fédéraliste. « M. Harper m'a déjà dit que son gouvernement ne pourra jamais régler le déséquilibre fiscal, puisqu'il ne peut s'entendre avec tout le monde », affirmait l'ancien chef du Bloc québécois Gilles Duceppe[16]. Il est clair, encore aujourd'hui, que le gouvernement fédéral a trop de revenus fiscaux en regard des responsabilités qui sont les siennes.

Bref, François Legault affirme vouloir faire le contraire de ce qu'il a prêché tout au long de sa carrière politique. Il veut mettre la charrue avant les bœufs; tenter de régler les maux du Québec en faisant abstraction de la source du mal. Sa démons-

15. *Ibid.*
16. Gilles Duceppe, *Entretiens avec Gilles Toupin*, Richard Vézina éditeur, Montréal, 2010, p. 90

tration est d'autant moins crédible qu'il a passé la plus grande partie de sa vie politique à en démonter les rouages.

Nous pouvons nous demander qui est le vrai François Legault : le militant souverainiste qui se faisait un phare et un drapeau de faire du Québec un pays, ou le soi-disant pragmatique qui renonce à l'idéal du projet politique parce que les obstacles sont trop difficiles à franchir, parce que l'adversité lui fait perdre courage et que la perspective de la défaite est insoutenable pour lui ?

On attend d'un homme politique qu'il ait le courage de ses idées et qu'il n'y renonce point en raison des difficultés qu'il a à les transmettre. Le découragement de François Legault ne dit rien qui vaille sur sa capacité à affronter l'adversité et sur la sincérité de ses prises de position. Tout porte à croire, dans ce cheminement cahoteux, qu'il est plus important pour l'homme, encore une fois, d'accéder au pouvoir que de mettre de l'avant des idées et des convictions auxquelles il croyait profondément mais qui font obstacle à ses ambitions personnelles.

On croyait l'homme combatif, il ne l'est pas. À tel point que j'imagine fort bien le jour, pas si lointain, où il abandonnera l'aventure de la CAQ parce qu'elle ne l'aura pas mené là où il veut aller.

Pendant ce temps, à Ottawa...

Pendant que la maison brûle, François Legault préfère regarder ailleurs. Alors que le Québec est laissé pour compte dans la fédération, le chef de la CAQ décide qu'il faut s'occuper des « vraies affaires ». Cette fuite en avant est tout à fait irresponsable.

Il faut bien savoir sur quoi François Legault nous demande de fermer les yeux en prônant de se détourner de la lutte pour la souveraineté. Il nous demande d'ignorer le fossé qui s'est creusé entre Ottawa et le Québec, entre la vision conservatrice de Stephen Harper et la vision opposée d'une bonne partie de la population québécoise. Il faudrait donc que l'on demeure totalement indifférent à cette « déquébécisation » du Canada, que l'on ignore les politiques ouvertement hostiles au Québec mises en place par Ottawa. Il faut laisser faire ; se laisser déposséder.

Même un Justin Trudeau ne montre pas tant d'indifférence devant le travail de sape des valeurs primordiales du Québec opéré par le gouvernement fédéral conservateur. N'a-t-il pas lancé en février 2012 sur les ondes de la radio de Radio-Canada que si ça continuait, il faudrait songer sérieusement à faire du Québec un pays ?

Ce que François Legault feint de ne pas voir avec cette stratégie de l'autruche, c'est la profonde frustration non seulement des souverainistes québécois à l'égard de la transformation du Canada façon Stephen Harper mais aussi des fédéralistes québécois, qui ne se reconnaissent plus dans les valeurs et les politiques de ce Canada-là. Legault a décidé de ne pas se préoccuper du tort considérable que ces valeurs et ces politiques vont causer au tissu social québécois. « On verra bien », dit-il en somme, se dégageant ainsi de sa responsabilité de chef de parti de nous présenter une vision éclairée de l'avenir. La politique du « on verra » en est une de couardise.

Par exemple, détourner les yeux de l'affront permanent fait au Québec par l'indifférence du gouvernement Harper à l'égard de la survie du français est irresponsable et pleutre. Que le gouvernement conservateur élu en 2011 ait choisi de nommer un vérificateur général unilingue anglais et un juge à la Cour suprême qui ne comprend rien à la langue de Molière ne semble pas, aux yeux de François Legault, être un signe suffisamment important de la nécessité de continuer la lutte pour faire du Québec un pays francophone.

On laisse passer le train : abolition du registre des armes d'épaules avec refus de transférer ses données au Québec, mise à mort du protocole de Kyoto auquel le Québec est attaché, abolition du formulaire long obligatoire du recensement, affrontement avec le Québec et d'autres provinces sur les coûts du projet de loi sur la justice criminelle, refonte des lois sur l'immigration, durcissement de la doctrine de la loi et l'ordre en ce qui concerne les jeunes contrevenants et les peines automatiques, affaiblissement du poids politique du Québec aux Communes, campagnes larvées d'élus conservateurs pour la peine de mort et l'avortement, sape des symboles identitaires du Québec au profit de ceux de la monarchie britannique, soutien aveugle et partial à Israël, endossement de la torture par des agences de renseignements étrangères pour soutirer des informations, patriotisme militaire exacerbé, etc.

Et même au chapitre de l'économie, marotte du comptable agréé qu'il est, le chef de la CAQ baisse les bras face aux politiques néfastes des conservateurs envers le Québec. Il ne s'oppose pas aux baisses d'impôts accordées aux entreprises, pas plus qu'il ne se soucie de la diminution de la TPS de 7 % à 5 %, qui forcera le gouvernement à opérer des coupures pour retrouver l'équilibre budgétaire dans des champs de compétence qui affectent le Québec, comme les transferts en santé.

La radicalisation du gouvernement Harper face au Québec ne justifie donc pas pour la CAQ que l'on remette au goût du jour la souveraineté. Démissionner devant un tel enjeu c'est faire en sorte d'aggraver les positions économique et politique déjà précaires du Québec. Croire que l'on pourra rétablir un certain équilibre économique avec l'Ouest une fois seulement que le Québec se sera refait une santé économique, c'est négliger que ce rattrapage ne saurait se réaliser sans la maîtrise de nos leviers économiques que ne nous consentira jamais un gouvernement fédéral dont la clientèle est à l'Ouest.

Cette réalité, François Legault a pourtant longtemps semblé l'avoir comprise : « On est dans un régime où on a les mains liées, disait-il en 2007. Quand les cibles sont dans la défense nationale et les baisses d'impôts, on ne peut pas s'attaquer aux priorités que le Québec s'est données[17]. »

Mais aujourd'hui, il baisse les bras. Pour tenter de satisfaire ses ambitions politiques, il a choisi de mettre la charrue avant les bœufs.

---

17. François Gougeon, « Économie : c'est désastreux en Estrie », *La Tribune,* 25 janvier 2007, p. 12.

CHAPITRE III

Un bric-à-brac santé

BRIC-À-BRAC, n. m. inv.: 1827; formation expressive – bric et de broc (de) 1. Amas de vieux objets hétéroclites, destinés à la revente. Marchand de bric-à-brac.
Le Petit Robert

Quand François Legault et Charles Sirois ont lancé la Coalition pour l'avenir du Québec, ils ont mis de l'avant les idées qu'ils souhaitaient défendre auprès des Québécois, idées qu'ils se sont par la suite efforcés d'étoffer lors de leurs multiples déclarations. C'est dès ce moment qu'on a pu commencer à voir que le «changement» sans cesse mis de l'avant par François Legault n'avait guère de profondeur. C'est là que j'ai été persuadé que nous étions en présence d'une mystification politique mise en place par un groupe de brasseurs d'affaires souhaitant consolider leur niche au sein de la société québécoise. Legault était sans doute sincère. Mais je doute que la coterie assemblée autour de lui l'était autant. Quoi qu'il en soit, le mot était bien là : « changement ». Un appât pour tenter de gagner le soutien d'une population avide de renouveau politique.

Les idées des autres

La santé est l'une des cinq grandes priorités avancées par Legault et Sirois dans leur plan d'action du 11 novembre 2011. La proposition de la CAQ repose sur trois mesures principales : donner à tous les Québécois un médecin de famille, décentraliser le réseau de santé et contrôler le coût des médicaments. Au premier abord, un tel projet semble louable.

Mais les choses, lorsqu'on creuse un peu, ne sont pas si simples. Legault le dit lui-même, les moyens qu'il veut prendre pour régler les problèmes en santé n'iront pas sans susciter des affrontements. En fait, ils ont été élaborés avec un tel manque de rigueur qu'ils mènent, à mon sens, tout droit à l'impasse. Le chef de la CAQ a affirmé à maintes reprises qu'il y aura des heurts lorsque le moment viendra de mettre ses réformes en application : « Il faut rouvrir les conventions collectives avec les médecins, et rouvrir les ententes avec les pharmaciens. Au Québec, il est temps de faire ces changements-là, même si ça amène un peu de chicane ou de tension dans le réseau[1]. » Il

---

1. RDI, le 17 mai 2011.

l'a dit très clairement : « Si les gens ne veulent pas de chicane, il ne se passera rien au Québec. » On peut toutefois douter de la résolution de François Legault quand on considère sa volte-face sur la hausse des tarifs d'électricité. Celui qui clame qu'il faut de la « chicane » pour faire avancer les choses recule quand ses propositions risquent de se heurter à l'opprobre populaire et d'engendrer justement ce qu'il appelle de la chicane.

François Legault promet de rouvrir la convention collective des médecins dans les cent premiers jours d'un mandat de la CAQ. Soit. L'objectif est de faire en sorte que les conditions de travail des médecins, et particulièrement l'organisation de leurs tâches, soient revues de façon à répondre aux besoins des Québécois, notamment celui de donner un médecin de famille aux deux millions d'entre eux qui n'en ont pas. Avec 8 200 médecins de famille sur le territoire, soutient la CAQ, il y a suffisamment de médecins pour tous les Québécois. Il s'agirait, pour augmenter leur prise en charge, de convaincre la majorité des médecins de famille de travailler en équipe, dans des groupes de médecine familiale (GMF). La CAQ propose aussi d'augmenter leur rémunération en échange de la prise en charge d'un plus grand nombre de patients. Ainsi, tous les médecins qui accepteraient d'être dirigés vers des groupes de médecine familiale et de prendre en charge au moins 1 000 patients (1 500 pour ceux qui pratiquent exclusivement en cabinet) recevraient en moyenne un supplément de rémunération annuelle de 60 000 $, soit une dépense globale de 500 millions de dollars pour l'État, sans compter les 100 millions alloués au soutien infirmier et à l'ajout de nouvelles responsabilités pour les pharmaciens. Une petite note de 600 millions de dollars.

Ce réseau de première ligne serait accessible 24 heures sur 24, sept jours sur sept. « Évidemment, cela va vouloir dire plus de volume, donc des coûts additionnels », a reconnu M. Legault[2]. La Fédération des médecins omnipraticiens du Québec n'a évidemment pas dit non à ces incitatifs à la prise en charge de davantage de patients, tout en soulignant qu'elle appréciait que ce projet ne soit pas associé à une approche coercitive.

Et comment la CAQ entend-elle trouver les quelque 600 millions de dollars nécessaires à la réalisation de cette réforme sans pour autant alourdir le fardeau fiscal des contribuables ? Elle promet de mettre la hache dans 1 000 postes gouvernementaux en abolissant les agences de santé et de services sociaux : des économies de 100 millions. Elle propose également de contrôler le coût des médicaments en affirmant qu'une utilisation moindre des médicaments de marque et une révision des pratiques et des horaires des pharmaciens

---

2. Louise-Maude Rioux Soucy, « Un pacte avec les médecins de famille », *Le Devoir*, 18 mai 2011, p. A3.

permettront des économies supplémentaires de 500 millions.

En théorie, François Legault a raison d'affirmer qu'avec 8 200 médecins au Québec, il est possible de fournir à chaque citoyen un médecin de famille. Sur un plan strictement mathématique, le calcul tient le coup. Mais dans la pratique, encore une fois, les choses ne sont pas si simples. Trois raisons font en sorte que cette répartition des médecins en fonction des besoins de la population ne peut se faire aussi allégrement. Premièrement : actuellement au Québec, entre 35 % et 40 % des médecins travaillent dans les hôpitaux. Ils ne peuvent donc passer beaucoup de temps en cabinet et atteindre les objectifs avancés par la CAQ en termes de médecine de première ligne.

Deuxièmement, la disparité des concentrations de médecins sur le territoire québécois constitue un obstacle majeur à une répartition simple des médecins de famille. Les praticiens ont un grand territoire à couvrir au Québec. Et ils sont assez bien répartis sur le territoire, du moins mieux qu'en Ontario, de telle sorte qu'il n'y a pas de région dépourvue de médecins. Mais cette répartition territoriale fait en sorte que l'objectif de 1 000 ou 1 500 patients par médecin est pour l'instant impossible à atteindre, particulièrement dans les régions les moins peuplées. Il faudra donc attendre une augmentation importante du nombre de praticiens pour pouvoir fournir des médecins de famille à tous les Québécois. Selon les données actuelles, cet équilibre ne pourra être atteint avant 2017 ou 2018[3]. Et encore là, les estimations du nombre possible de médecins de première ligne au Québec pour ces années ne sont pas claires puisque nous ne savons pas à l'heure actuelle combien de nouveaux médecins choisiront la médecine familiale.

Troisièmement, comme en atteste une étude sérieuse réalisée en 2007 par des chercheurs de l'Université de Montréal, la pratique de la médecine a changé avec la féminisation du travail[4]. Le nombre d'heures travaillées par les femmes médecins est un peu moins élevé que celui des hommes, pour des raisons liées à la conciliation travail-famille, ou à d'autres choix de vie tout à fait légitimes. Cela se répercute évidemment sur l'offre de service.

Il faut préciser enfin que cette soi-disant grande idée de François Legault de promettre à

---

3. Les opinions varient à cet égard. Le ministre de la Santé, Yves Bolduc, affirmait en décembre 2011 que l'équilibre sera atteint en 2016. Pour sa part, le président de la Fédération des médecins omnipraticiens du Québec (FMOQ), le Dr Louis Godin, considérait cette date un peu hâtive en regard des besoins à combler.

4. André-Pierre Contandriopoulos et Marc-André Fournier, « Féminisation de la profession médicale et transformation de la pratique au Québec », Groupe de recherche interdisciplinaire en santé, Université de Montréal, novembre 2007.

chaque Québécois un médecin de famille est loin d'être une nouveauté dont il aurait l'exclusivité. S'il y a bien un consensus en regard des politiques sur la santé au Québec, c'est sur l'idée de maximiser la médecine de première ligne. Cette idée est en quelque sorte celle de tout le monde ; elle est partagée par tous les partis politiques et par tous les intervenants. Est-il besoin de rappeler qu'une Commission d'étude sur les services de santé et les services sociaux avait été créée en juin 2000 par Pauline Marois, à l'époque ministre de la Santé, et que son rapport, le rapport Clair, avait justement mis l'accent sur la réorganisation de la médecine de première ligne ? C'est par la suite François Legault, à son tour ministre de la Santé, qui avait été chargé en novembre 2002 d'appliquer les recommandations du rapport, un plan baptisé *Pour faire de bons choix.*

Une politique inapplicable

D'ailleurs, lorsque François Legault a rendu public les politiques de la CAQ sur la santé, plusieurs militants du Parti québécois se sont amusés sur Twitter à renvoyer à un communiqué de presse émis lors de la campagne électorale de 2008 qui affirmait que le PQ mettrait l'accent sur les médecins de famille et les GMF.

Bien sûr, nous ne pouvons reprocher à François Legault de reprendre à son compte une politique

qui s'avère en soi une nécessité et qui fait l'unanimité. Ce qu'on peut critiquer, par contre, c'est la
façon dont il prétend la mettre en pratique. Les
solutions mises de l'avant par la CAQ pour régler
le dossier de la médecine de première ligne au
Québec ne tiennent tout simplement pas la route.

François Legault veut que les 40 % de médecins qui pratiquent dans les hôpitaux se rendent
disponibles pour la médecine de première ligne en
clinique. Il est clair qu'une telle politique créera,
dans le meilleur des scénarios, une pression très
importante sur les ressources médicales hospita-
lières ou, dans le pire des cas, une pénurie, voire
même des interruptions de services.

De plus, la proposition à 500 millions de dollars de Legault d'augmenter la rémunération des
médecins des GMF qui atteindront 1 000 patients
en utilisant la rémunération mixte, soit le paiement à l'acte médical assorti d'un bonus lorsque le
médecin atteindrait son quota, existe déjà pour les
GMF.

Généralement, dans une clinique médicale qui
n'est pas un GMF, le médecin reçoit un paiement à
l'acte qui comprend un volet pour l'acte médical
accompli, donc son revenu, et un volet dit « com-
posante technique » : le coup de pouce du gouvernement pour l'administration et les équipements
de la clinique.

Pour les GMF, en 2010-2011, 47 millions de dollars ont été versés aux médecins, plus 63 millions

destinés à payer le salaire des infirmières et du personnel de soutien, l'informatisation, le budget de fonctionnement de la clinique, etc. Le concept de rémunération mixte, tel que préconisé par la CAQ, existe donc déjà – ce qui ne veut pas dire qu'il ne faudrait pas y apporter certains ajustements.

Or, la dernière entente signée entre le gouvernement Charest et la Fédération des médecins omnipraticiens permet ce mode de rémunération et la possibilité d'y faire des ajustements. Si demain matin la CAQ était élue et prétendait se lancer dans une révision du mode de rémunération des médecins omnipraticiens qui pratiquent en clinique et dans les GMF, elle ne ferait que poursuivre un processus déjà amorcé par le gouvernement actuel[5]. Lorsqu'elle avance une telle politique, elle ne peut en toute honnêteté se targuer d'innover et de répondre à un besoin de « changement ». François Legault ne ferait que reconduire une politique déjà en place.

Abolir les agences de santé ?

Actuellement, il y a trois niveaux décisionnels dans le réseau de la santé au Québec : le ministère, les agences de santé et les établissements de santé, dont les Centres de santé et de services sociaux

---

5. À sa décharge, lorsque M. Legault a annoncé sa politique de rémunération des médecins, l'entente entre le gouvernement et la Fédération des omnipraticiens du Québec n'était pas encore signée.

(CSSS). François Legault affirme qu'il pourra récupérer 100 millions de dollars en éliminant les agences de santé, ce qui correspond, selon lui, à la disparition de 1 000 postes qu'il qualifie de « non nécessaires ».

Il est certes raisonnable de vouloir rationaliser les agences de santé régionales en « coupant dans le gras », surtout lorsque l'on sait qu'il y a 97 cadres de plus dans ces agences qu'il y a cinq ans, ce qui représente 8 millions supplémentaires à verser en salaires.

Mais il y a en santé certains choix qui ne peuvent se faire exclusivement à l'échelle locale ou au ministère. François Legault ne semble pas réaliser que l'abolition pure et simple des agences régionales, même si son intention vise à l'amélioration des services de première ligne, engendrera une cascade de problèmes qui feront régresser le système.

Certes, François Legault pourrait faire disparaître les agences sans pour autant abolir le volet santé publique du palier régional. Mais le plan de la CAQ ne nous dit rien du destin de ce volet sous son éventuelle gouverne. Qu'adviendra-t-il de la santé publique après l'abolition des agences régionales ? La CAQ est muette sur cette question. Encore une fois, nous sommes en présence d'une réflexion et d'un plan d'action incomplets et flous.

Quoi qu'il en soit, il est préférable que la gestion des effectifs médicaux par région passe par les agences régionales – surtout lorsqu'il s'agit de déterminer les effectifs médicaux pour chacun des établissements de santé – plutôt que par le niveau local. Confier les plans d'effectifs médicaux pour chacun des établissements de santé aux instances locales mènerait immanquablement à des affrontements sans fin, à la zizanie. L'agence régionale est plus à même de trancher de façon rationnelle ce genre de débat en tenant compte des priorités régionales.

Le plan Legault ignore également une autre source de discorde sur le terrain local, les services ambulanciers. On le sait, la répartition de ces services est, partout au Québec, un dossier d'une importance majeure. Qu'il s'agisse des secteurs urbains ou semi-urbains, chacun réclame un nombre accru d'ambulances. Sans entrer dans le détail, retenons que les horaires et les services diffèrent selon le lieu. La dynamique est la même que pour la distribution des effectifs médicaux locaux. L'agence de santé régionale joue à cet égard un rôle incontournable dans la détermination des priorités pour les services ambulanciers à offrir dans chacune des localités. Confier ce rôle aux établissements locaux mènerait à des conflits entre établissements. Le confier à l'instance nationale, en revanche, mettrait en place un processus de décision beaucoup trop éloigné de la réalité du terrain pour être efficace.

La suggestion de François Legault de ramener l'administration des soins de santé au palier national est ainsi une très mauvaise idée, qui a toutes les apparences de l'improvisation. Je reviens ici sur la santé publique. Prenons un cas, celui de la Mauricie-Centre du Québec. Il y a dans cette région un programme de santé publique qui distribue des pilules d'iode aux personnes qui habitent près de la centrale nucléaire de Bécancour. Un document de l'agence nous informe: «En cas d'accident avec rejets radioactifs dans l'environnement, les comprimés serviront à protéger la glande thyroïde contre un risque accru de cancer causé par l'inhalation de particules d'iode radioactif[6].» C'est le cas typique d'une particularité régionale qui se gère mieux par une instance régionale que par une instance nationale.

Il en va de même des maladies transmises par des vecteurs particuliers, telle la rage du raton laveur, qui est un enjeu régional particulier à la Montérégie, à l'Estrie, aux régions de Chaudière-Appalaches, de Laval et de Montréal. Il s'agit d'enjeux de santé publique importants, très régionaux, qui n'ont pas été pris en compte dans les plans à la va-vite de la CAQ. Certes, un gouvernement caquiste pourrait alléguer que ces problèmes peuvent se régler au niveau national. Mais cette vision accroît sans l'ombre d'un doute les facteurs de risque qui

6. «Distribution de comprimés d'iode autour de la centrale nucléaire de Gentilly-2», *La Santé contagieuse, bulletin d'information de santé publique. Mauricie et Centre-du-Québec*, vol. 16, n° 1, mars 2007.

sont mieux gérés dans ces cas précis par la décentralisation.

Je ne veux pas dire ici que les agences de santé régionales sont des organismes parfaits. Il y a certes moyen de « débureaucratiser » ces organismes, de dégraisser en quelque sorte. Il faudrait notamment clarifier le rôle de chacun des paliers de gouvernance en santé, celui du ministère, celui des agences et des CSSS. Il arrive souvent que le ministère demande certaines choses aux établissements locaux et aux CSSS alors que les agences font une demande similaire mais présentée de façon différente.

Enfin, il existe une autre raison pour maintenir le palier régional en santé, celle des immobilisations. Il est bien connu que tous les conseils d'administration des hôpitaux au Québec veulent des établissements flambant neufs. Évidement, Québec ne peut acquiescer à l'ensemble de ces demandes. En 2012-2013, les enveloppes prévues dans le secteur de la santé et des services sociaux s'élèvent à 2 203 millions de dollars, dont 1 029 millions pour le maintien d'actifs. Qu'il s'agisse de modifications, de rénovations ou de quelque projet d'immobilisation que ce soit, chaque établissement au Québec envoie à l'agence régionale son projet. L'agence s'occupe alors d'établir, en connaissance de cause, les priorités au niveau régional pour ensuite les envoyer au ministère.

Tous ces critères d'efficacité administrative font en sorte qu'il est problématique de vouloir abolir les agences régionales au Québec, comme le veut François Legault, au motif d'accroître la rémunération des médecins de famille. Pour aller chercher quelque 100 millions de dollars sur les 600 millions dont il a besoin pour ses groupes de médecine familiale, on risque de créer de nouveaux problèmes aussi graves que ceux qu'il veut régler. Il est certes très efficace en termes d'image de clamer partout que l'on veut « couper dans le gras » à gauche et à droite. Il y a, je le répète, des dépenses mal pensées en santé, mais il n'y en a pas suffisamment pour combler les exigences du projet de François Legault.

La CAQ a d'ailleurs affiché publiquement le caractère improvisé de cette mesure lorsque François Bonnardel et son collègue Janvier Grondin ont tenu des propos flous et contradictoires en février 2012 quant au sort qui serait réservé aux employés congédiés des agences de santé[7]. Cette politique a visiblement été bricolée à la va-comme-je-te-pousse, ce qui est inacceptable pour un groupe politique qui aspire à diriger le Québec.

La chanson des pharmacies...

Nous l'avons vu plus haut, François Legault souhaite récupérer encore 500 millions de dollars en contrôlant, d'une part, le coût des médicaments

---

7. Antoine Robitaille, « Confusion à la CAQ autour de l'abolition des agences de santé », *Le Devoir*, 1er mars 2012, p. A2.

au Québec, qui augmente de 11 % par année en moyenne depuis dix ans (250 millions d'économies), et en révisant à la baisse, d'autre part, les honoraires des pharmaciens (encore 250 millions de sauvés).

Regardons d'abord un peu cette promesse de favoriser une plus grande utilisation des médicaments génériques au Québec. Autant dire que François Legault promet que le soleil se lèvera à l'Est et qu'il se couchera à l'Ouest, ce qui n'est pas en soi une chose bien difficile à promettre.

D'emblée, le chef de la CAQ ne tient pas compte du fait que le nombre de nouveaux médicaments est actuellement nettement inférieur à ce qu'il a été. Nous avons atteint, pour ainsi dire, une limite naturelle dans le développement de nouvelles molécules. En même temps, des médicaments parmi les plus utilisés arrivent à la fin de leurs brevets et vont tomber dans le domaine public. Tous les fabricants pourront en faire des versions génériques. C'est le cas par exemple du Lipitor[8], le médicament anti-cholestérol le plus vendu au monde, ou encore du Crestor. Le consommateur aura donc forcément de plus en plus de médicaments génériques à sa disposition.

Par ailleurs, la CAQ promet l'abolition de la règle des 15 ans pour les compagnies pharmaceutiques, qui oblige la Régie de l'assurance-maladie

8. Le brevet détenu par Pfizer pour le Lipitor a pris fin au Québec le 11 novembre 2011.

du Québec à rembourser pendant 15 ans un médicament d'origine, même si son brevet est échu et qu'il est possible de trouver sur le marché une copie générique moins coûteuse. L'idée n'est pas des plus originales; le gouvernement Charest a reconnu l'évolution de l'industrie pharmaceutique dans son budget 2012-2013, notamment la croissance de la part du secteur du médicament générique en termes de création d'emplois depuis 10 ans. Sans compter que de plus en plus d'assureurs privés au Québec refusent de s'astreindre à la règle des 15 ans, qui ne s'applique qu'au régime public. Toujours est-il qu'à l'heure actuelle, la règle des 15 ans coûte aux contribuables québécois 173,8 millions de dollars par année (2012-2013), selon les livres des crédits du Québec. Ce montant est très élevé, mais il est assez loin du chiffre de 250 millions lancé allégrement par le patron de la CAQ. Nous sommes en présence d'un manque à gagner de quelque 77 millions de dollars. Les chiffres de François Legault ne tiennent pas la route; son montage tronque encore une fois la réalité.

En réalité, le chef de la CAQ surestime la valeur de l'abolition de la règle des 15 ans. Il y avait en 2011 seulement 67 médicaments sous la protection de cette règle. Il est de plus impossible d'estimer avec précision la consommation de ces médicaments par la population.

La règle des 15 ans avait pour double rôle de protéger les brevets innovateurs et de démarquer le Québec d'autres États de façon à attirer des investissements dans le domaine de la recherche pharmaceutique. M. Legault croit que cette règle n'apporte plus les résultats escomptés. En voulant l'abolir, il fait une grave erreur. Il est vrai qu'il y a moins d'investissements aujourd'hui dans le domaine de la recherche pharmaceutique au Québec pour les médicaments innovateurs qu'en 2003, par exemple. On parle de 5 % de moins. Je me répète : une limite technique a été atteinte – et l'industrie a changé. Les grandes compagnies pharmaceutiques développaient autrefois un médicament du début à la fin ; de la recherche théorique aux tests cliniques jusqu'à la commercialisation. Aujourd'hui, ces mêmes compagnies doivent passer par des laboratoires extérieurs, par des compagnies de biotechnologie ou encore par les chaires de recherche universitaires pour développer des molécules toujours plus avancées. En abolissant la règle des 15 ans, M. Legault lance le message aux maisons mères des grandes compagnies pharmaceutiques que le Québec n'offre rien de différent dans le domaine du développement des médicaments. Or, il est impérieux pour le Québec de se démarquer, parce qu'il foisonne de compagnies de biotechnologie qui cherchent du capital pour poursuivre leurs activités. En maintenant la règle des 15 ans, nous conserverons l'attrait nécessaire pour attirer les grands investisseurs susceptibles de faire croître tout un secteur. Il faudrait sans doute la revoir pour l'adapter au contexte actuel, mais il ne faut certainement pas l'abolir.

Faire passer les pharmaciens à la caisse?

Pour aller chercher les 250 *autres* millions de dollars nécessaires à la mise sur pied de son plan de médecine familiale, François Legault veut sabrer dans les honoraires des pharmaciens.

L'une des manières de réduire ces honoraires, selon la CAQ, serait d'obliger les pharmaciens à renouveler les médicaments de leurs clients pour une période de trois mois plutôt que de 30 jours. M. Legault affirme que cela générerait beaucoup d'économies. Si l'Ontario le fait, souligne-t-il, pourquoi pas le Québec? Si le pharmacien reçoit 7 $ pour une prescription d'un mois, cela lui rapporte 21 $ au bout de trois mois. M. Legault estime qu'en obligeant les pharmaciens à fournir aux clients en une seule fois des médicaments pour trois mois, des économies de 14 $ pourraient ainsi être réalisées. Tous les pharmaciens vous diront que les choses ne sont pas si simples. Ils vous expliqueront que s'ils préparent une prescription de trois mois, ils seront payés trois fois plus.

Et ce que M. Legault n'a pas pris en compte dans ses calculs lorsqu'il donne l'exemple de l'Ontario est que le pharmacien ontarien qui exécute une ordonnance pour 90 jours reçoit l'équivalent de deux ordonnances. Sans compter qu'il existe une liste de 22 exceptions, c'est-à-dire des médicaments qu'il n'est pas possible de prescrire pour une durée de trois mois: des narcotiques, certains antibiotiques et antiviraux, des inhalateurs à courte longévité, des antidépresseurs, plusieurs médicaments pour maladies chroniques, etc.

Il faut souligner aussi que les pharmaciens au Québec reçoivent d'autres honoraires de la RAMQ en dehors de l'exécution d'ordonnances. Ils sont payés pour douze autres services professionnels, dont la préparation de piluliers et de médicaments magistraux, la mise en seringues d'insuline, la transmission d'un profil médical, diverses fournitures dont les aiguilles et les seringues, les opinions pharmaceutiques, etc. En 2010, les pharmaciens ont reçu 672 millions de dollars en renouvellements d'ordonnances. Si M. Legault croit pouvoir économiser 250 millions par année sur ces ordonnances, nous sommes en droit de prédire que beaucoup de citoyens auront de sérieux problèmes à renouveler leurs prescriptions. Cette situation pourrait devenir un véritable cauchemar.

Il s'est prescrit au Québec, en 2010, 150 millions d'ordonnances dont la moitié pour des traitements de 14 jours et moins, soit 74 146 202 ordonnances. En tenant compte de cette seule donnée, il est clair que les calculs de Legault sont totalement erronés.

Soulignons qu'il y a environ 1 800 pharmacies au Québec et qu'avec la « loi 41 », les pharmaciens vont voir leur tâche s'accroître. Ils pourront par

exemple prescrire eux-mêmes certains médicaments dans des circonstances très précises. Le pharmacien est le professionnel de la santé le plus
accessible sur le territoire. Si François Legault coupe
250 millions de dollars sur 1,2 milliard d'honoraires
(prévisions pour 2012-2013) dans le programme
des ordonnances, il est inévitable que nous ver-
rons des fermetures de pharmacies au Québec,
principalement du côté des nouveaux propriétaires qui ont une dette d'affaires importante et
qui ont besoin de tous leurs revenus pour payer
leurs pharmaciens et leurs autres employés. Dans
un contexte où la demande en pharmaciens au
Québec augmente, l'approche de François Legault
mène à l'apparition de problèmes insolubles. Nous
ne pouvons pas couper 25 % des revenus d'honoraires des pharmaciens – soit plus que la totalité
de leur marge bénéficiaire – sans créer le chaos.

Il semble évident que ce n'est pas de ce côté
qu'on pourra faire de grandes économies dans le
réseau de la santé au Québec. Économiser 250 millions de dollars sur le dos des pharmaciens, cela
n'est pas difficile, c'est impossible. Les réformes
proposées par la CAQ en ce qui a trait aux ordonnances et aux honoraires des pharmaciens ont été
jugées « irréalistes » par l'Association québécoise
des pharmaciens propriétaires. Selon elle, faire
passer « le renouvellement des ordonnances de
30 jours à 90 jours est une fausse solution » qui,
au-delà des enjeux budgétaires, peut avoir des

conséquences « sur le suivi et l'observance des thérapies[9] ».

Quels changements ?

François Legault nous présente ses propositions sur la santé en affirmant qu'elles font partie de sa vaste stratégie de changement. Le ministre de la Santé du gouvernement Charest, Yves Bolduc, a lui-même souligné que ce que propose le chef de la CAQ est puisé à même ce qui se fait déjà au Québec. Il a même affirmé que M. Legault était en retard d'une décennie : « Quand on regarde ses solutions, c'est comme s'il ne s'était rien fait au Québec depuis dix ans, du temps où il était ministre. Alors que ce n'est pas vrai. Nous avons, à l'heure actuelle, 221 groupes de médecine de famille, et on en aura bientôt 300. Et il faut comprendre que les médecins de famille au Québec font d'autres tâches, dont celle de l'urgence. » Les discussions, a encore précisé le ministre, sont déjà en marche avec les médecins de famille. Et la Fédération des médecins omnipraticiens (FMOQ), par la bouche de son président, le Dr Louis Godin, abondait dans le même sens : « La valorisation de la médecine familiale est au cœur des négociations. Il faut aussi du support à la pratique. C'est ce qu'on dit depuis

---

9. Louise-Maude Rioux Soucy, « Un pacte avec les médecins de famille », *Le Devoir,* 18 mai 2011, p. A3.

des mois et des mois. » Quant à Lise Denis, la directrice générale de l'Association québécoise des établissements de santé et de services sociaux, elle a été catégorique sur la question de l'abolition des agences de santé : « Ce n'est pas une grande réforme, et nous ne sommes pas d'accord avec l'abolition des agences[10]. »

Il serait plus réaliste de miser sur les gains de productivité que de sabrer chez les pharmaciens et dans les agences régionales. On évoque souvent, en particulier, les soins à domicile et le soutien à fournir aux médecins de famille par l'implication d'autres professionnels de la santé (psychologues pour le volet santé mentale, nutritionnistes, aides à la réadaptation cardiaque, inhalothérapeutes à domicile, etc.). La réflexion doit se poursuivre, mais l'idée fondamentale est de libérer le temps des médecins pour qu'ils se consacrent aux malades qui ont le plus besoin de leurs services.

Chose certaine, François Legault s'est bien gardé de lancer les réformes qu'il propose en 2002, du temps où il était ministre de la Santé. Il s'en est justifié un jour, en entrevue avec Benoît Dutrizac : « J'ai été un an ministre de la Santé. On se dirigeait vers des élections à ce moment-là, les médecins se sont ramassés deux fois au Stade olympique avec des pancartes et on m'a dit qu'il fallait que je règle

---

10. Sara Champagne, « Legault est 10 ans en retard, estime Yves Bolduc », *La Presse,* 18 mai 2011.

ça. Il faut que ce soit fait en début de mandat [les réformes], avec un mandat clair. Négocier avec les deux fédérations de médecins... Écoutez, négocier avec la CSN, c'est de la petite bière à côté de ces deux fédérations puisqu'elles ont un [soutien] dans la population[11]. » Un repli stratégique, donc.

Difficile de ne pas conclure que cet assortiment de politiques mal ficelées n'est rien d'autre, encore, qu'une manifestation de la « pensée magique » maintes fois associée par divers commentateurs au chef de la CAQ.

---

11. *Dutrizac*, 98,5 FM, 25 février 2011.

CHAPITRE IV

« Mononcle François » et l'école

> À trop vouloir faire du savoir un simple instrument de gain, à trop vouloir pratiquer l'élision de la culture comme libre déploiement de l'humanité, on risque de donner à entendre que rien ne compte vraiment hormis la logique du donnant-donnant.
>
> HENRI PEÑA-RUIZ

L'éducation est la grande priorité nationale de François Legault ? Tiens donc !

Pourtant, à regarder les ambitions de la CAQ en ce domaine, à examiner comment ce parti entend chambouler nos écoles et notre système d'éducation, on se rend vite à l'évidence que les raccourcis et les formules à l'emporte-pièce prennent le dessus sur une étude sérieuse des besoins du Québec. Car en fait de traitement de priorité, le projet éducatif de Legault est bien mince et ne fait certainement pas l'unanimité.

Déjà, le 28 septembre 2011, c'était mal parti. « Si on avait à rebâtir le système d'éducation au Québec, a-t-il lancé ce jour-là à Longueuil le plus sérieusement du monde, je pense qu'on ne devrait pas avoir de cégeps. On devrait avoir une sixième année au secondaire, puis une quatrième année au bac à l'université. »

Pour un ancien ministre de l'Éducation, ce soudain accès iconoclaste était pour le moins étonnant. Cela tombait comme un cheveu sur la soupe. Mais Legault ne s'arrêta pas là : « Comme le disent parfois certains parents, [le cégep] c'est une maudite belle place pour apprendre à fumer de la drogue et puis à décrocher. »

Cette sortie mémorable lui valut du journaliste et enseignant Louis Cornellier le surnom de « Mononcle François » : « Dans un party de famille, une fois par année, un tel mononcle bourru peut amuser. Comme premier ministre, il serait pas mal moins drôle[1]. » Cornellier compara même les propos de Legault à ceux d'un autre « mononcle », du début des années 1970, Camil Samson, qui dénonçait à l'époque « la fornication » dans les cégeps. « Mononcle François, aujourd'hui, essaie de faire peur aux parents poules inquiets, poursuit Louis Cornellier, en agitant le spectre de la "maudite drogue". Dans un cas comme dans l'autre, c'est n'importe quoi, évidemment. »

---

1. Louis Cornellier, « Mononcle François », *L'Action*, 19 octobre 2011.

Ce texte apporte la meilleure des réponses aux inepties de François Legault sur l'éducation. Cornellier revient notamment sur le rapport Bédard qui affirmait en 2003 « que l'abolition des cégeps, qu'on remplacerait par l'ajout d'une année au secondaire et d'une année à l'université, ferait économiser un milliard de dollars et réduirait le décrochage ». On se souvient, nous rappelle encore Louis Cornellier, que ce rapport fut démoli parce qu'un « tel changement coûterait 170 millions de dollars par année, sans procurer d'avantages sur le plan du décrochage ».

Le journaliste poursuit en citant l'économiste Pierre Fortin qui, dans un texte paru dans *L'Actualité* en 2003, expliquait que les cégeps « favorisent la persévérance scolaire », en permettant notamment aux jeunes « tannés » du secondaire de changer d'air. « L'implantation de dizaines de cégeps dans les petites villes du Québec, précisait Fortin, encourage nos jeunes à poursuivre leurs études pour une autre raison importante : les cégeps réduisent la distance entre le domicile familial et le lieu d'enseignement. Conséquence : 85 % des jeunes Québécois de 15 à 19 ans vont à l'école. C'est plus qu'aux États-Unis et à peine moins qu'en Ontario. »

La sortie pour le moins intempestive de François Legault était une bien étrange façon de rassurer la population sur ses desseins de « changement » dans le domaine de l'éducation.

Un dada : l'abolition des commissions scolaires

D'ailleurs, l'idée d'abolir les cégeps était si farfe-
lue, si manifestement sortie de nulle part que
M. Legault s'est empressé de l'échapper quelque
part en cours de route. Il n'en parle plus aujour-
d'hui, ce qui nous fait bien voir encore sa propension à l'improvisation et la légèreté de ses
convictions.

Un autre des dadas de François Legault, em-
prunté celui-là à la défunte ADQ, est son projet de
faire table rase – encore – des 69 commissions scolaires du Québec et de les remplacer par 39 directions générales, le moyen de faire, paraît-il, des
économies de 300 millions de dollars.

La première faille de ce projet réside dans son
caractère inapplicable. L'abolition des commissions
scolaires suppose que chacune des écoles du Québec serait tenue de gérer elle-même son inten-
dance, par exemple les réparations immobilières
et le transport scolaire. Cette formule n'est pas
viable, et elle est rejetée par les directions d'école
de la province. Autre option : les écoles pourraient
se retrouver sous la tutelle directe du ministère ou
alors sous la tutelle de leur municipalité, comme
les célèbres écoles de l'ancien ministre de l'Éducation Jean Garon. Or on sait ce que cela donne : les
deux « écoles du ministre » Garon sont aujour-
d'hui gérées par leurs municipalités respectives et
connaissent de gros problèmes financiers.

Pour résumer les propos d'une directrice d'école primaire que j'ai rencontrée, les directrices et directeurs d'école ont des tâches bien plus urgentes à accomplir que de s'occuper de conciergerie. Ce dont les écoles du Québec ont besoin, insistait-elle, c'est de moyens pédagogiques adéquats pour répondre aux lacunes actuelles du système.

Comme le déclarait avec sagesse un élu à l'Assemblée nationale le 27 avril 2001, « il faut faire confiance aux commissions scolaires, il faut faire confiance à ceux qui sont sur le terrain pour faire des choix qui soient les plus judicieux pour les enfants de chacune des régions du Québec ».

Et l'élu en question ajoutait : « On a un million d'enfants au Québec qui sont dans nos écoles, il y a 3 000 écoles. On ne peut pas commencer, à Québec, à décider quel enfant on envoie dans quelle école. Je pense qu'il faut quand même respecter les instances qui sont là, les 72 commissions scolaires. » Cet élu se nommait François Legault.

François Legault estimait donc, il n'y a pas si longtemps, que les commissions scolaires ne servaient nullement à alourdir le système mais bien à l'alléger. Je le cite encore : « Donc, plutôt que de mettre en place un système compliqué pour répartir l'argent, on a simplifié cette façon de faire et on a demandé aux commissions scolaires de s'occuper elles-mêmes [...] de bien répartir ces montants

entre les différentes écoles [et] les différents services qui sont donnés dans les écoles[2]. »

Les commissions scolaires étaient donc à
l'époque parfaitement fonctionnelles et adaptées
aux besoins des élèves du Québec, et François
Legault s'opposait à la mise en place de nouvelles
structures tout juste bonnes à compliquer la vie
aux directions d'école et aux enseignants. « M. le
Président, affirmait-il encore à l'Assemblée nationale, je pense que le nouveau partage des responsabilités entre le ministère de l'Éducation, les commissions scolaires et les conseils d'établissement
donne plus de pouvoir localement, régionalement,
et je pense que les personnes ont le droit d'avoir
des règles qui soient le plus démocratique possible
pour élire leurs représentants[3]. »

François Legault a longtemps été un grand
défenseur des commissions scolaires. Mais aujour-
d'hui, encore une fois, il se dédit. Aujourd'hui, il
veut faire croire à la population du Québec que ces
institutions ne valent pas grand-chose.

Quoique. Lors du « printemps érable », des étudiants du niveau secondaire de certaines écoles de
Montréal ont manifesté contre la hausse des frais
de scolarité universitaires. Qu'a fait M. Legault ?
Il s'est empressé de demander à la Commission

---

2. Déclarations de François Legault à l'Assemblée nationale,
27 avril 2001.
3. Le 6 décembre 2001.

scolaire de Montréal et à sa présidente Diane de Courcy d'agir et de demander aux directions d'école de faire revenir en classe les étudiants. Le paradoxe ne semble pas troubler le chef de la CAQ outre mesure : les commissions scolaires ne servent à rien, sauf quand ça l'arrange.

Quant aux économies de 300 millions de dollars que prétend faire la CAQ sur le dos des commissions scolaires, François Legault ne dit jamais qu'elles impliqueront des coupes directes dans les services aux élèves. Car c'est l'évidence même : on ne peut couper de façon aussi importante le budget des commissions scolaires sans affecter les services. Voilà une bien étrange façon de rehausser la qualité de l'enseignement au Québec.

Les semeurs de vent

Le projet de Legault en éducation préconise également l'abolition de la sécurité d'emploi pour les enseignants, assortie d'une hausse de salaire de 20 %. Les enseignants devraient en échange se soumettre à une évaluation, deux fois par année. En cas d'incompétence, ils se verraient enrôlés dans un stage de perfectionnement, voire congédiés dans certains cas. Évidemment, François Legault se garde bien d'entrer dans le détail des modalités de l'évaluation des professeurs...

Il n'est point besoin d'étudier bien longtemps ce scénario pour se rendre compte qu'il tient du burlesque. François Legault croit que c'est en agitant la carotte financière sous le nez des enseignants qu'il obtiendra un meilleur rendement du système d'éducation. Il pense que le fait de sanctionner les professeurs soi-disant incompétents améliorera le rendement des élèves. Avec ses idées de réformes visiblement irréfléchies, il a provoqué l'ire des enseignants du Québec, qui lui ont bien fait comprendre qu'il y avait d'autres valeurs chez eux que l'argent, d'autres motivations pour enseigner que celle – non mais quelle idée! – de la concurrence entre les professeurs; ils lui ont fait savoir que la transmission du savoir ne se ramenait pas à un simple signe de piastre.

Les réactions virulentes ne se sont pas fait attendre après l'annonce par Legault de son plan en éducation. Jean-Marc Fournier, ministre de la Justice dans le gouvernement libéral, est monté aux barricades en février 2012: «On a vraiment l'impression qu'il veut tout démolir. Démolir les relations avec les syndiqués qui ont des conventions collectives...» Quant au président de la Centrale des syndicats du Québec, Réjean Parent, il n'y est pas allé de main morte non plus: «C'est de l'agitation, ça s'appelle du bruit, pour essayer de se rendre intéressant auprès de la population. Mais de la façon dont ils le font, ils vont plutôt être des semeurs de vent qui récolteront la tempête[4].»

---

4. «La CAQ veut rouvrir les contrats de travail des médecins et des enseignants», *radio-canada.ca*, 7 février 2012.

Les commissions scolaires, les syndicats d'enseignants du primaire et du secondaire, la Fédération des comités de parents, tous ont rejeté la pensée magique et simpliste de François Legault à l'égard du système d'éducation. Lisons le commentaire de François Paquet, le président de la Fédération des comités de parents du Québec :

> Notre système d'éducation n'est pas parfait, mais il est performant. Les chiffres le prouvent. Et à la lecture du document de monsieur Legault, il nous apparaît très clair que ce qui nous est proposé nous conduira au chaos, ni plus ni moins. Proposer de jeter par terre un système au grand complet signifie en fait une déclaration de guerre aux enseignants. Ça veut dire une longue et périlleuse reconstruction, si seulement c'est possible[5].

Cette politique de la terre brûlée témoigne d'un certain désespoir plutôt que d'une analyse rationnelle et constructive ; il faut absolument faire miroiter le changement pour séduire l'électorat, même s'il mène tout droit à la catastrophe. Tout est si simple dans la pensée de François Legault : les mauvais enseignants sont la cause des difficultés éprouvées par notre système d'éducation. Il s'agit

---

5. Lia Lévesque, « Les enseignants et les parents rejettent les propositions de François Legault », *La Tribune* (Presse Canadienne), 13 avril 2011, p. 16.

donc de les débusquer. Dans une lettre ouverte, un groupe d'enseignants du primaire et du secondaire a tenté de faire comprendre au chef de la CAQ qu'il était bien loin de saisir ce qui se passait dans nos écoles et que son approche trahissait une totale incompréhension des besoins des enseignants du Québec. Cette lettre pragmatique, rédigée par ceux qui sont dans le feu de l'action, résume très bien les véritables enjeux d'une amélioration réaliste de notre système d'éducation.

> Ce n'est pas un salaire plus élevé que nous voulons, écrivent ces enseignants. Ce que nous voulons, c'est de l'aide pour nos élèves ayant des difficultés d'apprentissage et des difficultés de comportement – et encore faut-il que ces élèves soient diagnostiqués! À cause du manque criant de professionnels, il faut des années avant qu'un diagnostic soit posé, ce qui est inadmissible! Nous voulons des ressources spécialisées, des orthopédagogues, des orthophonistes, des psychologues, des conseillers en orientation pour mieux aider nos élèves. Nous voulons avoir des dictionnaires récents, des romans, des grammaires et des guides de conjugaison pour nos classes. Nous voulons avoir moins d'élèves par groupe afin de favoriser les apprentissages et les évaluations pour l'ensemble de nos élèves ainsi que pour renforcer les liens avec ces derniers, surtout au primaire[6].

6. Sophie Rondeau, « Lettre ouverte à Monsieur Legault », *quebec.huffingtonpost.ca*, 9 février 2012.

Gros-Jean comme devant

La grande priorité nationale de François Legault a été énoncée sans qu'une étude sérieuse des besoins du milieu de l'enseignement ait été effectuée par son groupe. Encore une fois, on improvise une politique. On donne dans l'irréalisme le plus effarant. M. Legault a même plastronné en mars 2011, à l'émission de Jean-Luc Mongrain à TVA, en affirmant que la majorité des enseignants allaient accepter de renégocier les conventions collectives et les augmentations de salaire. Or, rien de tel ne s'est produit. À cet égard, François Legault est Gros-Jean comme devant.

Si la présidente de la Fédération des commissions scolaires, Josée Bouchard, a qualifié de « fumisterie » le plan de Legault en éducation, c'est parce qu'il passait encore une fois à côté des véritables problèmes, notamment ceux de la prise en charge des élèves en difficulté et de la scolarisation des élèves issus de milieux démunis.

Christian Dufour, chroniqueur et professeur à l'École nationale d'administration publique, a interprété les propositions de François Legault en éducation comme un sursaut désespéré destiné « à relancer la CAQ en panne dans les sondages[7] ». M. Dufour s'insurge contre cette idée de la CAQ de

---

7. Christian Dufour, « Satané corporatisme ! », *Le Journal de Montréal,* 14 mars 2012, p. 23.

créer une sorte d'ordre professionnel des enseignants qui serait garant d'une meilleure qualité de
l'enseignement. Il s'agit tout simplement pour lui
de la mise en place d'une nouvelle bureaucratie
inutile, d'une nouvelle instance corporatiste dont
le seul objectif deviendrait rapidement celui de
servir ses propres membres. Dufour affirme lui
aussi que Legault fait fausse route lorsqu'il laisse entendre que les enseignants constituent le principal
problème en éducation. Il voit chez Legault une
« obsession des structures », un attrait pour les
« bourbiers bureaucratiques » :

> Legault semble incapable de lancer en éducation la
> réforme que la majorité des Québécois appellent
> de tous leurs vœux et de s'attaquer à l'essentiel.
> Recommencer à enseigner véritablement le fran-
> çais au Québec. Donner priorité à l'acquisition de
> connaissances prosaïques dont on a besoin toute
> sa vie : lire, écrire, compter. Mettre l'accent sur les
> valeurs d'excellence, d'effort, de persévérance et de
> discipline qui ne sont plus transmises aux jeunes[8].

De plus, l'évaluation des enseignants telle que la
CAQ l'envisage donnera inévitablement lieu à une
concurrence malsaine entre ces derniers, sans parler de la structure administrative qu'il faudra mettre
en place pour la réaliser, encore là avec des coûts

---

8. *Ibid.*

afférents dont ne nous parle pas la proposition Legault. Par ailleurs, il serait profondément inéquitable d'évaluer selon la même grille d'évaluation les enseignants qui travaillent dans des milieux défavorisés, sachant que la situation économique des familles joue énormément sur les résultats des élèves.

Quant à l'idée de faire évaluer l'enseignant par le directeur de l'établissement où il travaille, Legault ne précise pas en quoi ce directeur aurait la compétence de procéder à cet exercice, même si le cadre de cette évaluation était établi par le nouvel ordre professionnel des enseignants. La proposition donne encore plus dans l'arbitraire lorsqu'elle avance que même un parent d'élève aurait son mot à dire dans la détermination des normes de compétence exigées d'un enseignant. Nous sommes, encore une fois, dans le délire organisationnel total.

Toujours la pensée magique

Pour réaliser sa réforme, François Legault prévoit qu'il sera possible de rassembler un milliard de dollars avec, d'une part, les 300 millions qu'il prétend récupérer de l'abolition des commissions scolaires et, d'autre part, les 600 millions qu'il croit pouvoir trouver en réduisant les frais d'exploitation d'Hydro-Québec... même si 90 % de ces frais sont constitués de salaires. Encore une fois, la pensée magique est à l'œuvre. Non seulement je ne crois pas à la légitimité de ces mesures de François

Legault mais je ne crois pas non plus à la façon dont il entend les financer.

Le projet en éducation est une véritable déclaration de guerre aux syndicats enseignants; il fait fi de toute consultation et de toute idée de partenariat avec le milieu. François Legault va même jusqu'à faire l'amalgame entre la syndicalisation et l'incompétence chez les enseignants, donnant dans le raccourci facile et démagogique. La recherche d'un consensus et la préservation du climat social ne sont pas, à l'évidence, de grandes préoccupations de François Legault.

Il n'a d'ailleurs pas brillé par son sens politique au printemps 2012 lorsqu'il a avancé une proposition destinée à favoriser le règlement de la grève étudiante sur la hausse des frais de scolarité. Il maintenait la hausse gouvernementale qui était de 75 % (avant qu'elle ne passe à 82 %), mais il y ajoutait un mécanisme de remboursement proportionnel au revenu, soit 5 % du futur salaire annuel de l'étudiant pendant 10 ans. Cette solution miracle faisait en sorte que les étudiants allaient devoir assumer après leurs études une plus grande dette en raison des intérêts importants sur les sommes avancées. Voilà qui aurait certainement comblé d'aise les banquiers...

Le président de la Fédération étudiante collégiale du Québec (FECQ), Léo Bureau-Blouin, a immédiatement réagi le 28 mars 2012: « Le travail de recherche de la CAQ semble avoir été fait à la vavite. Si M. Legault veut investir des sommes dans l'accessibilité aux études, il devrait les investir dans des mesures dont l'efficacité a été démontrée, comme la diminution des frais de scolarité. » Il était clair que la brillante idée de la CAQ allait à terme coûter plus cher aux étudiants que la hausse sur cinq ans de 1 625 $ imposée par les libéraux. Encore une fois, on voit l'incapacité de François Legault à vérifier dans le détail la viabilité de ses propositions.

Et encore une fois, l'approche comptable et gestionnaire de François Legault en éducation se caractérise par l'absence d'une quelconque identité idéologique. J'aime bien à cet égard l'analyse que fait le sociologue Mathieu Bock-Côté de ce volet du programme de la CAQ :

> François Legault aurait dû écrire son programme en éducation juste en sortant d'une représentation de *Monsieur Lazhar*. Ce n'est pas de milliards supplémentaires qu'a besoin l'éducation au Québec, mais d'une « révolution philosophique » dont le congédiement de la réforme scolaire, avec sa pédagogie sans humanisme ni culture, serait le symbole le plus convaincant. Ce qui est fondamental ne coûte pas toujours une somme astronomique. Ramener l'école québécoise à l'humanisme pédagogique, cela n'implique pas des milliards. Cela implique du courage[9].

---

9. Mathieu Bock-Côté, « François Legault et ECR », *journaldemontreal.com*, blogue du 29 février 2012.

« Mononcle François » donne, à ce chapitre, dans la réflexion bâclée qui confine à l'insignifiance politique. Il s'est drapé du manteau du courage politique, mais les initiatives authentiquement audacieuses n'ont pas suivi. Il veut avoir recours aux recettes du management brutal pour régler des problèmes d'ordre pédagogique, lesquels sont mal cernés parce qu'il a posé les mauvais diagnostics quant aux tares de notre système éducatif. Pour quelqu'un qui a fait de l'éducation sa grande priorité nationale, il est étonnant de constater à quel point ses propositions sont mal étayées et peu instruites. S'il faut évaluer sa performance, la note s'impose d'elle-même : recalé !

CHAPITRE V

L'auberge espagnole

> *Loc.* AUBERGE ESPAGNOLE : lieu, situation où l'on ne trouve que ce qu'on a soi-même apporté.
>
> *Le Petit Robert*

Le journaliste Michel David a mis en évidence l'une de ces incompatibilités viscérales qui minent la CAQ depuis la greffe avec l'ADQ. Il s'agit de la question des fameuses « écoles passerelles ». Rappelons que ces écoles sont le fruit de la « loi 110 » adoptée dans la controverse en 2010, qui permet à des élèves francophones de s'inscrire, à grands frais, dans des écoles anglaises non subventionnées et de les fréquenter pendant trois ans pour s'inscrire ensuite dans des écoles anglaises publiques ou privées. Lors du congrès de fondation du parti à Victoriaville, le 21 avril 2012, les délégués avaient été invités à adopter une proposition destinée à permettre à un gouvernement caquiste de réclamer du gouvernement fédéral l'abolition de l'article 23(2) de la

Charte canadienne des droits et libertés de façon à éliminer le système des écoles passerelles au Québec. Michel David rappelle que telle n'était pas la position de François Legault à l'automne 2010, alors qu'il préconisait plutôt le recours à la « clause nonobstant » pour parvenir au même résultat. Pourquoi estimait-il au printemps 2012 qu'une modification de la Charte serait plus efficace que l'utilisation de la clause nonobstant ? « Le problème, répond David, est que la clause nonobstant donne des boutons à Gérard Deltell. Déjà, la CAQ peine à recruter des candidats le moindrement connus. S'il fallait que l'ancien chef de l'ADQ quitte le navire[1]... »

Dans les faits, ce projet d'amender la Charte canadienne des droits et libertés (ce qui suppose le consentement d'Ottawa et des autres provinces) tient pour Michel David, comme pour bien d'autres commentateurs d'ailleurs, de la pensée magique ou de la fumisterie.

C'est dans ce genre d'impasses que les étranges accointances de François Legault mènent la CAQ. Des adéquistes se sont plaints, souligne le journaliste du *Devoir,* que l'ADQ avait vendu son âme à la CAQ en acceptant la fusion. Il semble bien, dans ce cas précis, que ce soit la CAQ qui ait vendu son âme à l'ADQ : « Avec le recul, cependant, c'est à se demander quel parti a avalé l'autre. *La Presse* rapportait

---

1. Michel David, « Le clone », *Le Devoir,* 21-22 avril 2012, p. B3.

hier qu'un fidèle de longue date de M. Legault, Jacques Théorêt, a décidé de claquer la porte parce qu'il ne se reconnaît plus dans la CAQ, qu'il assimile à une "ADQ 2.0"[2]. »

La CAQ n'a d'ailleurs cessé de perdre des joueurs depuis sa création. Il n'est pas anodin, par exemple, que certains membres de la cohorte de « 40 jeunes de moins de 40 ans », qui ont appuyé la CAQ à l'origine, aient fait part de leur désenchantement un peu avant le congrès d'avril 2012. La porte-parole du groupe, l'avocate Marie-Noëlle Closson Duquette, une des étoiles de cette cohorte, a tourné le dos à la CAQ en raison de l'adhésion de l'ADQ.

Un autre membre du groupe des 40, Jordan Wilson, confiait à Philippe Teisceira-Lessard de *La Presse* qu'il avait fait défection par « conviction » et « avant la chute spectaculaire du parti dans les sondages ». Un autre encore, qui refusait d'être nommé, y allait d'une déclaration fracassante : « Au début, [les dirigeants de la CAQ] se targuaient de dire : on va faire de la politique autrement. Mais au final, c'est vite devenu : "Es-tu capable de vendre des billets pour des soirées ?" » C'est ce même dissident qui confiait au journaliste qu'il « était mal vu de s'afficher comme souverainiste au sein de la coalition, ce qui était moins le cas auparavant[3] ».

---

2. *Ibid.*

3. Philippe Teisceira-Lessard, « Défections chez les jeunes de la CAQ », *La Presse,* 20 avril 2012, p. A12.

Le privé en santé

Les causes de zizanie sont nombreuses à la CAQ, ce qui est de fort mauvais augure pour la longévité de ce parti politique. Au début, on s'efforce de gommer les différences et de tenir le coup. Mais tout consensus forcé, en politique, risque de ne pas résister à l'épreuve du temps.

Prenons un autre exemple. Ceux qui connaissent bien François Legault n'hésitent pas à dire qu'il abhorre l'idée d'un régime privé dans le domaine de la santé. Il semble bien que s'il lui est encore possible de faire preuve de constance, c'est sur cette question.

Par contre, l'ADQ voulait l'instauration d'un régime privé, celui où le patient paie de sa poche, dans un contexte général de mixité, c'est-à-dire avec des médecins qui travaillent dans les hôpitaux publics et qui font également des consultations dans leur clinique privée. M. Legault a accepté du bout des lèvres le compromis de mettre en place un projet pilote sur la mixité de la pratique, sans pour autant nous dire comment il réaliserait cette promesse. Sans grand enthousiasme, c'est le plus loin que Legault ait consenti à aller du côté d'un régime privé pour satisfaire en partie aux demandes des anciens de l'ADQ.

Habituellement, le chef de la CAQ parle d'une utilisation du privé au service du régime public, ce qui nous ramène au document du PQ de novembre

2002 intitulé *Pour faire de bons choix*. Ce document insistait sur le concept de « cliniques affiliées », qui seraient autorisées, dans une situation exceptionnelle de listes d'attente surchargées, à signer des ententes avec les hôpitaux pour les soulager temporairement de leur surcharge de travail et réduire les listes d'attente. Lorsque les salles d'opération en ophtalmologie ont été rénovées à l'hôpital de Saint-Jérôme, de telles ententes ont ainsi été conclues avec des cliniques privées de Laval. Historiquement, c'est ce genre de présence du privé que défendait François Legault : une solution temporaire à un problème temporaire que l'on entend corriger.

Il n'y a pas qu'à Gérard Deltell que certaines prises de position de François Legault donnent des boutons. Une opposition de vues avec un Éric Caire, qui croit beaucoup au régime privé, est tout aussi frappante. La CAQ me fait penser à une espèce de soupe chimique dont certains ingrédients, si on les secoue trop, risquent de provoquer une déflagration. Il ne fait aucun doute que cet amalgame d'hommes et de femmes politiques, qui ont parfois accepté de mettre en veilleuse certaines de leurs convictions profondes, est hautement volatil. Même avec la meilleure volonté, les membres de la CAQ ne pourront cohabiter indéfiniment ; ils se sentiront vite trop à l'étroit sur une embarcation qui n'a pas été construite pour satisfaire leurs aspirations politiques multiples et parfois contradictoires.

Dites-moi, que fait à la CAQ William Johnson, l'ancien président d'Alliance Québec, pourfendeur de la « loi 101 » et apôtre de la partition du Québec ? Comment peut-on imaginer que ce personnage puisse partager les idéaux politiques d'un François Rebello ? Lequel des deux hommes n'est pas à sa place ? Comment ne pas imaginer l'affrontement qui, immanquablement, éclatera un jour ou l'autre entre les tenants de deux visions (ou trois, ou quatre...) diamétralement opposées du Québec ? En acceptant des William Johnson au sein de son parti politique, François Legault a raté l'occasion de délimiter le territoire de la CAQ. En faisant un fourre-tout idéologique d'un projet qui se voulait au départ rassembleur, il sabote sa propre cause. Les incompatibilités politiques qui caractérisent son parti politique sont la démonstration de l'absence de vision claire de ses dirigeants.

Il est vrai qu'on ne peut empêcher un cœur d'aimer. Mais il n'est point besoin de se casser la tête bien longtemps pour constater que cette coalition risque de chavirer à tout moment.

L'affaire Rebello

Je ne pouvais passer sous silence dans ce pamphlet la transplantation du péquiste François Rebello à la CAQ, puisque ce rempotage a mis en lumière, plus que toute autre affiliation au mouvement de

Legault, les limites à la liberté d'expression inhé-
rente à la macédoine de courants politiques qui
alimentent la CAQ.

Le récit généralement mis de l'avant est que
François Rebello ne goûtait plus le sol du Parti
québécois depuis que ce dernier était au plus bas
dans les sondages, de là son exil volontaire à la
CAQ, où il croyait trouver un terreau plus propice
à sa réélection. Son adhésion au nouveau parti a
donné lieu à des petits drames internes, à des hési-
tations et à des renoncements de la part d'associés
pressentis, autant d'événements qui ont souvent
été expliqués dans les médias par ce que d'aucuns
ont qualifié d'« effet Rebello ».

Le député péquiste de La Prairie a d'entrée de
jeu justifié son passage dans la formation de François Legault en clamant haut et fort que la CAQ
allait favoriser à terme l'avènement de la souveraineté du Québec. « Je suis souverainiste, avait mar-
telé François Rebello, au moment d'officialiser, le
10 janvier 2012, sa défection du PQ, et je continue
à l'être dans la Coalition avenir Québec. Comme
on ne fera pas de référendum à court terme [...],
nous sommes dans une situation où il faut travailler à renforcer le Québec parce que cette force-là
donne confiance aux Québécois. »

Il n'en fallut pas plus pour plonger son nouveau
patron dans l'embarras. Avec ces déclarations de
Rebello, François Legault risquait de voir s'envoler
d'un coup les votes fédéralistes sur lesquels il

comptait pour asseoir sa formation politique aux dépens du PLQ. La sortie de Rebello, qui semblait à ce dernier parfaitement légitime et acceptable dans un parti qui n'avait pas repoussé pour toujours l'idée de souveraineté du Québec (seulement pour une dizaine d'années), nous fit alors comprendre que François Legault avait cédé tout le terrain aux fédéralistes qui l'avaient rejoint et que la mise entre parenthèses du projet indépendantiste n'en était pas véritablement une. Nous avions là la preuve de la reddition complète de Legault face aux tenants de la conviction fédéraliste.

On connaît la suite. Le député de Beauce-Nord, Janvier Grondin, a sommé son collègue de se taire car il mettait la coalition dans l'embarras. François Rebello venait d'ajouter aux malheurs de la CAQ en affirmant en février 2012 que le gouvernement du Québec devrait poursuivre le gouvernement conservateur fédéral de Stephen Harper en justice pour s'être retiré du protocole de Kyoto. M. Legault a encore dû jouer le pompier de service en affirmant qu'il ne s'agissait pas là d'une avenue qu'il privilégiait. Janvier Grondin estimait donc que son collègue de La Prairie parlait trop. Il ajouta que, s'il s'était joint à la CAQ, c'était parce qu'il était convaincu que l'idée de souveraineté avait bel et bien été mise au rancart. Et il n'était pas le seul à penser de la sorte. Pendant au moins une semaine, des discussions houleuses au caucus n'ont pas réussi à calmer la grogne des fédéralistes de la CAQ.

La méfiance règne désormais entre cette faction et le camp des souverainistes.

Bref, le chef de la CAQ apprend à la dure ce qu'il en coûte de se coincer soi-même entre deux options. Lorsqu'un François Rebello parle, les appuis fédéralistes s'envolent. Lorsque s'exprime un Janvier Grondin ou un Charles Sirois, les appuis souverainistes s'enfuient à toutes jambes. Comment faire pour atténuer la tension palpable entre les différents clans qui composent la coalition ? Comment faire, encore, pour réaliser la quadrature du cercle ?

Il est vrai que François Legault a par la suite tenté de minimiser la controverse autour de son ami Rebello, alléguant que l'ex-député péquiste était victime de l'ire de souverainistes frustrés d'avoir perdu l'un des leurs. Mais cela ne change rien aujourd'hui à l'inconfort de la position du transfuge au sein et à l'extérieur du parti.

L'obsession des affaires

La déception de ses anciens compagnons d'armes a d'ailleurs éclaté au grand jour lorsque l'un de ses amis, Jocelyn Desjardins, porte-parole du Nouveau Mouvement pour le Québec, l'a fait connaître avec force dans une réplique dévastatrice publiée dans *Le Devoir.* Dans cette lettre ouverte, Desjardins, dont l'amitié avec Rebello remonte aux bancs de l'université, reproche notamment à ce dernier d'être parti « presque comme un voleur ». Il lui rappelle les mises en garde que son cercle d'amis lui avait adressées à propos de François Legault, un homme qui ne « correspondait pas du tout à la vision que [Desjardins se faisait] d'un homme d'État ou d'un véritable réformateur ». Et d'y aller d'une réprimande contrite : « On t'a répété à plusieurs reprises : "Legault est un mauvais cheval. Ne lui faites pas confiance. Il va vous abandonner ou vous perdre.[4]" »

Desjardins rappelle comment François Legault s'était défilé en 2005 alors qu'il était pressenti pour prendre la suite de Bernard Landry au PQ :

> J'ai ri. J'ai trouvé ton roi un peu nu, un peu tristounet. C'est qu'il avait réuni toute une cour de soupirants politiques et d'ambitieux de tous ordres sans être tout à fait sûr de ses motifs personnels. [...] Or, en politique, on reste fidèle à ses principes et à ses militants. On ne les abandonne jamais. Legault, après avoir réuni tout ce monde, les a tous abandonnés avec leurs miettes d'ambitions et d'espoirs. Comme un voleur.

Desjardins rappelle ensuite à Rebello qu'il a payé très cher politiquement l'abandon de Legault en 2005 et lui avoue qu'il ne comprend pas que son ami se soit à nouveau « jeté dans la gueule du loup ».

---

4. Jocelyn Desjardins, « Lettre à un ami "démissionniste" », *Le Devoir*, 12 janvier 2012, p. A7.

Comme en 2005, Legault abandonne les souverainistes « pour quelques arpents de pouvoir ». C'est
que Jocelyn Desjardins a cerné avec précision et
lucidité la vraie nature de François Legault :

> L'homme que tu admires est unidimensionnel. Il
> ne travaille que sur des enjeux administratifs et
> économiques. Il évacue tout le politique, l'histo-
> rique, le philosophique, le culturel, le sociologique
> et le constitutionnel. [...] J'ai une question pour toi :
> à quelle sorte de destin politique serait voué un
> peuple dont le seul projet politique ne [tiendrait]
> plus qu'à des questions d'intendance ?

« Ce qui se cache derrière les "vraies affaires", écrit
encore Desjardins, c'est une abdication quant à
notre destin », pour conclure que la fameuse révo-
lution de Legault n'est en fait qu'une « dévolution
tranquille ».

Dans l'auberge espagnole politique, on apporte
habituellement ses convictions. C'est un privilège
que François Rebello n'a pas, puisqu'on lui a fait
clairement savoir qu'il devait laisser les siennes à
la porte de la CAQ.

Pourtant, c'est ce même François Rebello qui
répondait aux allusions ironiques du ministre
Raymond Bachand sur son possible passage à la
CAQ, en janvier 2012, en affirmant qu'il n'était
pas du genre à abandonner ses idées : « M. le président, contrairement au ministre des Finances,

moi, j'ai des convictions[5]. » Dans les années 1980, M. Bachand avait en effet œuvré dans les cabinets du Parti québécois avant de passer au Parti libéral.

Pourquoi François Rebello reste-t-il à la CAQ ? En fait, il ne peut plus rebrousser chemin tant il a fait sauter de ponts derrière lui. Son horizon est bloqué de tous bords tous côtés. Il ne lui reste plus pour toute justification que l'opportunisme politique.

La CAQ, par sa composition hétéroclite, foisonne de François Rebello, de militants condamnés à marcher perpétuellement sur des œufs, de crainte de laisser voir les déchirements et les oppositions profondes qui les séparent. Pour conserver leurs sièges, d'autres députés ont troqué leurs habits pour ceux de la CAQ. Ce fut le cas d'Éric Caire, de Marc Picard et de deux ex-péquistes, Daniel Ratthé et Benoît Charrette.

Éric Caire est peut-être le cas le plus étonnant, puisqu'il a déposé un projet de loi à l'Assemblée nationale le 17 février 2011, alors qu'il était député indépendant, afin que les citoyens puissent révoquer leurs élus dans certaines circonstances, notamment lorsqu'un député quitte son parti pour rejoindre une autre formation politique.

---

5. Antoine Robitaille, « La CAQ aidera la souveraineté, croit Rebello », *Le Devoir*, 9 janvier 2012, p. A1.

Les déçus de la CAQ

Dans l'une de ses chroniques, Richard Martineau a dressé, avec le style coloré qui le caractérise, un portrait assez juste de l'auberge espagnole de François Legault. Nous sommes au début de l'année 2012, et la CAQ est en train de perdre son avance dans les sondages :

> Tout le monde disait que son parti allait gagner les doigts dans le nez, et voilà qu'il est en train de se faire rattraper par Jean Charest ! Il faut dire qu'à force d'accueillir des transfuges des autres formations, la CAQ commence à ressembler de moins en moins à un parti politique et de plus en plus à l'Accueil Bonneau. « Votre parti est en train de couler ? Cognez à notre porte, on va vous donner un café chaud et une couverture... » Difficile d'incarner le changement quand les seules faces que t'es capable de proposer aux électeurs sont celles qu'on voyait sur d'autres pancartes il y a quelques mois[6]...

En février 2012, l'ex-député adéquiste Robert Deschamps a claqué la porte de la CAQ. L'élu de la circonscription de Saint-Maurice n'en pouvait plus d'entendre ses collègues faire des déclarations publiques intempestives qui ne faisaient qu'étaler au grand jour les incompatibilités idéologiques et

---

6. Richard Martineau, « PLC : pot problème », *Le Journal de Montréal*, 16 janvier 2012.

politiques de certains membres du parti. M. Deschamps ne pouvait admettre qu'un parti politique
s'amuse ainsi à tirer dans toutes les directions. Le
député de Blainville Daniel Ratthé, notamment,
l'avait fait bondir en y allant de son idée de faire des
centres de la petite enfance un service essentiel,
limitant du coup le droit de grève de leurs employés.

« Ça fait déborder le vase, commenta-t-il dans
les journaux. Ça commence à s'éloigner de mes
valeurs. Comme candidat, j'aurais de la difficulté à
défendre certains points émis au cours des der-
nières semaines. [...] Au moment de l'entente entre
l'ADQ et la CAQ, le programme n'était pas celui-
là. » Bref, l'ancien adéquiste déplorait ce mal profond qui mine la CAQ: « l'improvisation[7] ».

En quittant le navire, M. Deschamps a signifié
à François Legault qu'il poursuivrait son implication en politique hors de la CAQ en respectant
son « idéal de jeunesse, celui de l'indépendance du
Québec[8] ». Ce départ a certainement fait l'affaire des
fédéralistes qui contrôlent la CAQ, notamment de
son cofondateur Charles Sirois.

Le poids de ce courant dans la CAQ a certainement été considéré par Joseph Facal, l'ancien ministre
péquiste ouvertement de droite, lorsqu'il a décidé
de ne pas se joindre à François Legault bien qu'il ait

---

7. Guy Veillette, « Deschamps quitte le navire », *Le Nouvelliste*,
23 février 2012, p. 3
8. *Ibid.*

été des premières discussions qui ont mené à la naissance de la coalition. Voici ce qu'il en a dit dans l'une de ses chroniques :

> [La] manière dont vous concevez les rapports entre le Québec et le Canada influence des tas de dossiers : fiscalité, transferts financiers, langue, culture, immigration, relations internationales, droit, etc. On n'efface pas 250 ans d'histoire en un claquement de doigts juste parce que c'est trop compliqué ou que le « monde ordinaire » a la tête ailleurs[9].

Joseph Facal est un battant qui ne renoncera pas à une conviction parce qu'elle n'est pas des plus populaires.

François Legault a démontré qu'il avait un mal fou à recruter de grosses pointures. Il s'est largement cantonné au monde des affaires, un monde qu'il comprend. Il dirige son parti comme le PDG d'une grande entreprise. Pierre Luc Brisson, un ancien attaché politique, commente en ce sens la composition de la CAQ :

> Sur les six premiers candidats « vedettes » présentés [en avril 2012] par la Coalition, quatre provenaient du milieu des affaires ou de la gestion [...]. [C'est le] profil type qui semble être recherché dans

---

9. Joseph Facal, « L'épreuve du réel », *Le Journal de Montréal*, 16 novembre 2011, p. 21.

l'entourage de François Legault. Il en va de même pour le conseil exécutif [...]. Aux côtés du fondateur de BCF, on trouve des membres de Heenan Blaikie et une ancienne présidente de chez McKinsey & Company. [...] S'il s'agissait du conseil d'administration d'une entreprise, l'on pourrait parler d'un «dream team». Mais c'est précisément là que le bât blesse: [un État] est tout sauf une organisation monolithique. Il s'agit de gouverner une société traversée par des courants de pensée et des intérêts différents, [...] et qui ne peut être menée aussi facilement qu'on le ferait avec une grande entreprise[10].

On ne peut donc pas affirmer que la CAQ soit parvenue à rallier l'ensemble des milieux qui structurent la société québécoise, comme le fait encore remarquer Pierre Luc Brisson. Son obsession du monde des affaires semble la couper irrémédiablement des milieux communautaires et sociaux, du monde des arts et de la culture, des groupes environnementalistes, des intellectuels et des défenseurs des plus démunis, bref, de tout ce qui donne à un parti politique son véritable ancrage dans la société.

Le modèle politique que revendique François Legault est celui du «nationalisme économique», qui reprend à son compte le fameux «autonomisme»

---

10. Pierre Luc Brisson, «Legault, l'unidimensionnel», *quebec.huffingtonpost.ca*, 15 mars 2012.

de l'ADQ de Mario Dumont. C'est encore là un concept de panneau réclame qui ne résiste pas à l'analyse. Surtout quand on sait que Charles Sirois, qui préside le conseil d'administration de la Banque CIBC, a été le grand responsable de la vente d'Alcan à des intérêts étrangers, et que lorsque François Legault s'est défait de ses actions chez Air Transat, sans en dire un mot à ses partenaires d'affaires, il a ouvert la porte au contrôle de la compagnie aérienne à des intérêts étrangers. Ce scénario ne s'est heureusement pas produit mais laisse dubitatif quand à sa profession de foi nationaliste.

On ne s'étonnera pas non plus que Michael Sabia, le PDG de la Caisse de dépôt et de placements, se soit déclaré séduit par les thèses de François Legault, saluant notamment l'idée d'une « économie de propriétaires » mise de l'avant par le tandem Legault-Sirois. Ce concept donnerait plus de pouvoir d'intervention à la Caisse au chapitre des investissements locaux.

D'ailleurs il n'y a qu'à jeter un coup d'œil du côté du financement de la CAQ pour constater que son fonds de commerce n'est pas financé par les deniers de monsieur et madame Tout-le-monde. Des avocats de prestigieux cabinets montréalais et divers professionnels ont financé les premiers pas de la coalition, tels les employés d'Ernst & Young qui ont donné 10 000 $ à la CAQ ou les 46 employés de la firme de Mario Charpentier, BCF, qui ont tous puisé dans leur gousset. Faut-il rappeler ici que Mario Charpentier est aussi le responsable du financement de la CAQ? Bien sûr, on nous promet la main sur le cœur qu'il n'y aura pas de retour d'ascenseur...

Charles Sirois est certainement l'un des représentants les plus éminents de l'incursion du monde des affaires dans la CAQ. Fédéraliste convaincu, l'homme n'a pas à son actif un passé d'affaires des plus reluisant. Les commentateurs économiques lui attribuent notamment la chute de Téléglobe, survenue à la suite d'une série de gaffes toujours plus grandes. Selon le journaliste Rudy Le Cours, Téléglobe était «un fleuron des télécommunications lorsqu'elle était pépèrement gérée par l'État». Mais voilà, Téléglobe «aura fait perdre des milliards à ses actionnaires, des milliards à ceux de BCE et des centaines de millions aux Canadiens, à la fois actionnaires de BCE par leurs caisses de retraite ou leurs fonds communs et citoyens dont l'État percevra moins d'impôt en raison des pertes de BCE[11]». La question se pose: est-ce que la CAQ a été créée dans le but unique de procéder à ces changements salutaires dont parle François Legault, ou aussi pour satisfaire discrètement les intérêts d'affaires de certains de ses membres?

Il est clair que l'association contrainte d'individus aux allégeances diverses n'est pas la recette

---

11. Rudy Le Cours, «Le génie de la bêtise», *La Presse,* 11 août 2002, p. A6.

idéale pour composer un parti politique ou, ce qui serait plus grave, pour former un gouvernement. D'ailleurs, on le voit bien, le navire prend l'eau : des bailleurs de fonds qui s'étaient engagés à cautionner un emprunt de 200 000 $ auprès de la Banque Nationale au nom de l'Action démocratique du Québec se sont désistés lorsque la CAQ a absorbé l'ancien parti de Mario Dumont. *La Presse* a rapporté que seules deux des sept personnes qui s'étaient portées garantes de l'emprunt ont accepté de maintenir leur engagement[12].

De tels désistements trahissent une perte de confiance des individus concernés envers un parti politique qui avait certes démarré en trombe, mais qui se butte aujourd'hui au scepticisme grandissant de la population.

---

12. Denis Lessard, « Dette de l'ADQ transférée à la CAQ – Des endosseurs de la CAQ se désistent », *La Presse*, 16 avril 2012, p. A5.

Épilogue

MIRAGE, n. m. – 2. Fig. Illusion, apparence séduisante et trompeuse; v. illusion, mensonge.

Le Petit Robert

Une bonne part de ce qui fait l'engagement politique consiste à faire des choix. On choisit de défendre des convictions de gauche ou de droite, on choisit la vision d'un Québec enchâssé dans la fédération canadienne ou celle d'un pays entièrement maître de son destin, on choisit le changement véritable ou le statu quo. La CAQ de François Legault, en se faisant le lieu de mille et une contradictions, refuse de faire ces choix cruciaux; elle pige ses idées ici et là, dans un vivier de courants politiques opposés.

Elle a choisi, par exemple, l'« autonomisme » de l'ADQ, une posture mitoyenne entre l'appartenance au Canada et le nationalisme émancipateur. Elle se cantonne dans des politiques qui créent l'illusion du changement. François Legault et ses amis ont choisi la pire des politiques, celle de l'attentisme, du repli et de la démission, parce qu'ils ont été incapables de penser le Québec dans sa totalité, de proposer un moyen de le refaçonner. Certes, l'existence même de la CAQ rassurera la minorité de brasseurs d'affaires qui trouvent leur compte dans le fédéralisme canadien ; la coalition apaise les inquiétudes de ceux qui craignent pour leurs intérêts personnels au point de renoncer à bâtir un vivre-ensemble fondé sur la justice sociale et économique.

Certains ont baptisé le projet incarné par la CAQ de « patente à Legault », dans le sens québécois du terme, celui d'un bricolage peu fiable et inefficace. On ne saurait mieux dire. Le moteur de cette « patente » est un genre d'inversion conceptuelle du combat politique. Au lieu de porter un programme imaginatif qui entraînerait dans son sillage les citoyens avides d'un mieux-être identitaire, économique, social et politique, les caquistes se sont mis à la remorque de ce qu'ils croient être la tendance lourde du désabusement citoyen face au politique. François Legault a regardé les sondages d'opinion et il a conclu que « la volonté de la population n'était pas là[1] ». Il a donc abdiqué, refusé de convaincre, de se battre pour ses convictions et de tenter, comme l'aurait fait un grand homme politique, de renverser la vapeur.

---

1. Déclaration de François Legault en conférence de presse le 21 février 2011.

Plutôt que d'entraîner le peuple vers de nouveaux sommets, il s'est mis au diapason de l'humeur ambiante en fignolant quelques idées de nature technocratique qui n'ont ni l'ampleur ni l'ambition qu'exige la situation actuelle du Québec. Ce n'est pas là l'attitude que l'on est en droit d'attendre d'un véritable homme d'État. C'est comme si sa crainte de la défaite l'avait entraîné vers ces compromissions qui gomment tout ce qui avait fait auparavant le sens profond de son engagement politique. Comment ne pas y voir de l'opportunisme politique? C'est la voie que l'on choisit quand on remplace la lutte politique authentique par quelques rafistolages éphémères en attendant que les choses se transforment toutes seules selon nos attentes et nos désirs.

J'ai voulu dans cet ouvrage montrer l'incohérence et le caractère irréaliste des idées maîtresses du projet Legault sur l'éducation, la santé et la question nationale. Nous aurions pu prolonger l'exercice en examinant de plus près, par exemple, le volet économique du programme de la CAQ. Les mêmes conclusions se seraient imposées que pour les autres priorités de la coalition: un travail bâclé et des politiques déjà mises de l'avant par d'autres partis politiques.

La pauvreté de la réflexion du parti créé par François Legault et Charles Sirois est particulièrement bien illustrée par l'épisode de la grève étudiante du printemps 2012. François Legault n'a cessé d'insister à chaque fois qu'il en a eu l'occasion pour que le premier ministre fasse en sorte, par tous les moyens, que les étudiants soient forcés de retourner en classe. Aucune suggestion constructive de sortie de crise n'a été avancée par le chef de la CAQ. Il fallait renvoyer les étudiants à leurs livres coûte que coûte, point final. À cet égard, il ne s'est guère différencié de Jean Charest. Que voulait-il au juste? Que le gouvernement fasse appel à la force brute? C'est exactement ce que Charest a obtenu avec l'inique « loi 78 », qui a mis à mal des libertés fondamentales que nous croyions pourtant acquises.

Les critiques de cet à-plat-ventrisme de la CAQ n'ont pas tardé à se manifester. Guy Brosseau, un membre fondateur de la CAQ, a exprimé sans équivoque sa condamnation de l'attitude de François Legault dans un article publié sur le site internet de *La Presse*. Ce partisan de la première heure de la CAQ y annonçait sa démission en raison de la complicité de François Legault avec « les tactiques électoralistes de Jean Charest » :

> François Legault et la CAQ ont joué un rôle dans la pièce de théâtre mise en scène par Jean Charest en légitimant cette loi et, à mes yeux, la CAQ, François Legault et son aile parlementaire se sont discrédités pour des fins de stratégie électorale. Si c'est ça faire de la politique autrement, je passe mon tour. La CAQ, François Legault et tous ses députés

devraient avoir honte, aujourd'hui, du vendredi le 18 mai, car cette date a démontré hors de tout doute raisonnable que la CAQ est finalement un parti comme les autres[2].

François Legault nous donnait une autre preuve que la CAQ n'est autre chose qu'une version 2.0 de l'ADQ. Ses interventions simplistes dans cette affaire font penser à la mouche du coche de Lafontaine qui, piquant l'un, piquant l'autre, faisait l'empressée et croyait faire avancer l'attelage pour s'en attribuer toute la gloire.

Il n'a pas été très difficile de démontrer que François Legault est la thèse et l'antithèse de sa propre pensée politique. Certes, tout citoyen en démocratie a le droit de changer d'avis, et de le dire : cela s'appelle la liberté d'expression et de conscience. Mais ces concitoyens peuvent s'interroger sur ce que révèlent ces changements de cap, surtout lorsque le barreur erratique aspire à devenir premier ministre du Québec. François Legault a défendu avec tant de force des positions qu'il a aujourd'hui délaissées que nous sommes forcément poussés à nous interroger sur la sincérité du personnage. Comment ne pas douter de sa bonne foi ?

Son cheminement défie toute logique, sauf celle de l'improvisation. Legault veut nous faire

---

2. Guy Brosseau, « La CAQ : un rendez-vous parlementaire manqué », *lapresse.ca*, 20 mai 2012.

croire, nous l'avons vu, qu'il suffit d'abolir les agences de santé au Québec et de couper 250 millions dans la rémunération des pharmaciens pour passer outre à notre précarité collective. Vraiment ? C'est à se demander si nous ne sommes pas devant les conséquences de l'émancipation prématurée d'un homme politique qui aurait voulu qu'on lui serve sur un plateau d'argent les plus hautes fonctions et qui a quitté avec amertume le Parti québécois faute de plébiscite.

Avec sa propension à aborder la politique selon une approche comptable, François Legault a désincarné l'idée d'un destin québécois. Il n'a même pas retenu en quoi la double défaite référendaire ne saurait être étrangère aux maux actuels du Québec. Le traumatisme de deux rendez-vous manqués avec l'histoire ne saurait justifier l'abandon d'un projet légitime. La plateforme caquiste repose sur le vide d'un défaitisme anesthésiant.

Dans un remarquable reportage intitulé « Dans le ventre de la CAQ », le journaliste Alec Castonguay, qui a passé six mois dans l'entourage immédiat de François Legault, nous révèle que ce dernier n'avait pas une grande confiance en ses moyens pour mener à terme son projet. « Conscient de l'ampleur de la tâche, écrit Castonguay, François Legault ne veut pas, en ce début 2010, devenir le chef. Il estime qu'un grand nom de la politique faciliterait le décollage. » Il approche donc l'ancien premier ministre péquiste Lucien

Bouchard[3], qui refuse de plonger, et l'ancien ministre libéral de la Santé, Philippe Couillard, qui décline à son tour. Que faut-il en conclure ? Que François Legault s'est jeté dans la mêlée faute de candidats sérieux, tout en sachant qu'il n'était pas l'homme de la situation ? Que son projet politique, même s'il prétend reléguer la question nationale dans une sorte de coma artificiel, n'a pas eu l'heur de plaire aux fédéralistes qui demeurent persuadés que la défense de leurs intérêts passe par le Parti libéral du Québec ? Alec Castonguay nous éclaire encore à ce sujet, lorsqu'il rapporte que « des hommes d'affaires proches du Parti libéral du Québec multipli[aient] les appels pour décourager certains candidats vedettes pressentis par la CAQ[4] ».

Quant aux fédéralistes que la nouvelle formation politique a réussi à rallier, ce sont les pires en regard des intérêts du Québec. Mathieu Bock-Côté a bien identifié ce phénomène en soulignant que la CAQ s'était attiré non pas les héritiers de Robert Bourassa, qui souhaitent la reconnaissance du Québec comme société distincte, mais ceux de

---

3. Lucien Bouchard n'est peut-être pas étranger à la création de la CAQ, du moins indirectement : Alec Castonguay relate une conversation téléphonique avec François Legault au cours de laquelle l'ancien premier ministre lui aurait conseillé de penser à son avenir politique.

4. Alec Castonguay, « Dans le ventre de la CAQ », *L'actualité*, 1er mai 2012, p. 33.

Pierre Elliott Trudeau et du Parti libéral du Canada :
« Ces gens ont diabolisé le nationalisme québécois
toute leur vie. La constitution de 1982, c'est eux.
La centralisation à Ottawa, c'est eux aussi. Le multiculturalisme d'État, toujours eux aussi[5]. »

Les dés sont pipés dès le départ puisque la CAQ
refuse de reconnaître que l'identité québécoise est
menacée par le cadre canadien. Ce parti, au mépris
des convictions de certains de ses acteurs, mène à la
destruction du mouvement souverainiste. C'est là le
premier et le plus grand des reproches que je fais à
François Legault, avant même de rejeter les soi-
disant réformes de l'État qu'il propose de réaliser
dans la précipitation. Toute sa construction politique repose sur de fausses prémisses et, pour cette
raison, elle est vouée à l'échec.

---

5. Mathieu Bock-Côté, « François Legault et ses fédéralistes »,
Le Journal de Montréal, 8 février 2012.

Table des matières

MARQUIS

Marquis imprimeur inc.

Québec, Canada
2012

Cet ouvrage composé en Céleste corps 12 a été achevé d'imprimer au Québec
le vingt-quatre juillet deux mille douze sur papier Enviro 100 % recyclé
pour le compte de VLB éditeur.